U0513958

列子

〔晋〕张湛 注
〔唐〕卢重玄 解
〔唐〕殷敬顺 释文
〔宋〕陈景元

陈明 校点

上海古籍出版社

图书在版编目(CIP)数据

列子/(晋)张湛注;(唐)卢重玄解;(唐)殷敬
顺,(宋)陈景元释文. 陈明校点. —上海:上海古籍
出版社,2014.6(2017.5 重印)
(国学典藏)
ISBN 978-7-5325-7253-3

Ⅰ.①列… Ⅱ.①张…②卢…③殷…④陈…⑤陈…
Ⅲ.①道家②《列子》—注释③《列子》—译文 Ⅳ.
①B223.2

中国版本图书馆 CIP 数据核字(2014)第 086448 号

国学典藏
列 子

[晋]张湛 注 [唐]卢重玄 解
[唐]殷敬顺 [宋]陈景元 释文
陈 明 校点
上海世纪出版股份有限公司
上海 古籍 出版 社 出版
(上海瑞金二路 272 号 邮政编码 200020)
(1)网址:www.guji.com.cn
(2)E-mail:guji1@guji.com.cn
(3)易文网网址:www.ewen.co
上海世纪出版股份有限公司发行中心发行经销
上海展强印刷有限公司印刷
开本 890×1240 1/32 印张 8 插页 5 字数 190,000
2014 年 6 月第 1 版 2017 年 5 月第 4 次印刷
印数:5,251—6,350
ISBN 978-7-5325-7253-3
B·862 定价:22.00 元
如有质量问题,请与承印公司联系

前　言

陈　明

一

　　《列子》是先秦诸子著作中的一种，署名列御寇，按惯例称其书为《列子》。然而，要仔细推究其人其书，还是有许多疑问的。

　　如先秦许多人物一样，列御寇只是一个通用姓名，有时候也同音通假为列圄寇。关于他的更详细的资料则少之又少，大抵在先秦古籍中只是有些"提及"而已。由于这个人的思想与庄周比较接近，所以《庄子》中多次出现列子其人，甚至还专有一篇名为《列御寇》。不过，众所周知，庄子的书是寓言为主，不可作史料看，自然其中的人物故事也是半真半假。由于正式的历史记载相对粗略，所以那个时代的人，只有留下著作，才能比较详细地为后人所知。不过，文献学中又有一个常识，叫做"古书不皆手著"，即先秦时候的著述风尚与后世不同，并没有很强的著作权概念。加之书写传播的条件限制，导致我们现在能看到的诸子著作，往往是在一个编录的原始基础上，掺杂了很多门徒、弟子羼入的内容，甚至还有不少读者的笔记、心得、注释。这样的情况，在当时是不介意的，所以如《管子》、《晏子》之类的书中都很容易找到明显不是出自管仲、晏婴之口的话，无论是从口吻推断，还是从史实考量。

　　基于这样的现实，列子虽然有书存世，但想通过其书了解其人，也还是有很大难度的，尤其是《列子》风格类似《庄子》。庄子在《史记》中有传，后人尚能从《庄子》中拼接一些素材借以了解其生平，只是庄子爱说寓言，那些以自己为主人公的小故事，究竟哪些是真事，哪些是玩笑，还是不得而知。列子别无传记，庄子书中所说又多令人无法当真，这样，后人只能把列子当作一个符号了。

二

由于《列子》的存在，这书有很高的阅读价值，于是，在无法充分了解作者生平的情况下，更多的人转向只读其书，不问其人。所以，在后世，人们提到列子其人的时候，往往只是联系到"御风而行"，那是庄子在《逍遥游》中提到的，《列子》中也说他"乘风而归"，彼此印证。但是，出自《列子》的故事、典故却十分丰富，早已深入人们的思想与文章，诸如"愚公移山"、"杞人忧天"之类，都已成为极具生命力的语言元素。

《列子》为人所喜闻乐见固是事实，然而在学者眼中，却有不得不辨的问题。作为一部先秦古籍，人们看到的《列子》是这样的：战国列御寇著，晋张湛注，前有刘向的序。后世流传的许多先秦著作，如《山海经》、《战国策》等，都有刘向序——在历史上，中国的古文献经刘向整理而保存至今的确实不少。这一切看似都顺理成章，自然而然。

然而，渐渐地《列子》的读者们发现了很多问题，由于有不少同时代的文献可供比对，加之史籍记载的一些事实，使得书中一些内容令人生疑。这些猜疑由感性到理性、由假设到论证地演进着。

比如大家都知道佛教传入中国是始于东汉时期，佛教文化的滋生则要再晚一些，那么，按理说《列子》中无论如何不应有佛教的元素，但事实上有。最先被怀疑的是《仲尼篇》中所谓"西方之人有圣者焉"，是不是在影射佛祖呢？这只是一种猜疑，并没有实据，一个"西"字并不能坐实什么，所以宋代黄震在《黄氏日抄》中就提出这个段落与释迦牟尼毫无关系。然而，到了近代，陈旦撰写《〈列子·杨朱篇〉伪书新证》，则直接将《列子》文本与《阿含经》等佛经进行比对，以期证明《列子》绝不可能成书于战国时代。

对《列子》的猜疑，可以追溯到唐代的柳宗元，但是，人们历来争执的问题是《列子》是不是那个战国时候的列御寇的手笔，而并非《列子》本身的价值问题。因为我们的习惯是厚古薄今，所以如果这书不够古，或者不像传说的那样古，便成了一个很重要的问题。于是，到了梁启超，干脆为之定案，说《列子》本是张湛伪作，而他本人却以注者的身份隐藏了起来，至于所谓刘向的序，也出自张湛之手。当然，这也只是带有推理支持的假设，因为关于列子其人的可信资料实在太少。

说是张湛伪造了《列子》，也确实有说服力。时代越晚，伪造古书越难，但这样的好事者实在代不乏人，明代丰坊、王世贞等都曾经做过类似的事。而且，在伪造这个行当中，将自己定位于注者，连正文带注解一起生产，是十分常见的。此外，张湛所处的魏晋时代，既是历史上的伪造古书的高发期，又是玄学盛行的阶段，于是，他的技术条件和动机都具备了。

到了1956年，杨伯峻先生独辟蹊径，从汉语史的角度对《列子》文本进行了梳理，以为其中大量的字词语法都只能符合魏晋六朝人的用法，从而推论此书并非先秦古籍。这也算是对争执数百年的《列子》真伪问题给出了最后的一击，在没有明确证据的情况下，得出了一个学界共同接受的结论：《列子》是一部伪书，而并非像一般先秦著作那样仅仅掺杂有后人补入的内容，虽然《汉书·艺文志》可以证明历史上确实存在过《列子》，但并非我们现在看到的《列子》。

三

　　真伪之说，在古玩市场或许会是比较极端的，真者价值连城，伪者分文不值，但古代文献却往往不尽然。《尚书》是中国现存最古老的文献之一，但它有今古文之分，《古文尚书》是赝品，是晋人梅赜伪造，这也是学界的定论。但这作为定论是从清代才开始的，之前的一千多年中，人们都认为它是真正的《尚书》，是古老的文献，并将其作为基本的学习资料。于是，一千多年人们精读《尚书》，这部书渗透进了一千多年的历史、政治、思想，对于今天的人们来说，这也是不争的史实。或者说，它是一部伪书不假，但它是一部深刻影响了我们一千多年的伪书，书可认定为伪，但一千多年的丝丝缕缕的影响是真实的。《列子》的情形与之十分接近。

　　从另一个角度说，造伪书者必有动机，大多是为名为利，但造伪绝非易事，只有造得像，才能骗过大多数人，才能传播开来。伪造古书，不能过于原创，同样的事件，甚至同样的段落出现于不同的书中，这是常态。伪造的内容全出于原创，不仅难度太高，同时也让人觉得不像。所以，既然列子屡屡被庄子提及，那么伪造《列子》固当充分利用《庄子》中的素材。至于《列子》中不见于它书的内容，究竟是造伪者的原创，还是别有所本，今天已无法一一核实了。于是，《列子》便有了价值，至少它保留了一些当时尚存而后来失传的文字。

　　除了保存资料，《列子》更大的意义在于它对道家文化的贡献。道家本是以老子、庄子为代表的思想派别，有着独特的思维方式和表达方式，而在西汉初期，道家思想一度有着很高的社会地位，势必有许多相关的文献资料，根据《汉书》记载，真正的《列子》就是其中之一。到了魏晋时期，虽然社会主流语言强调独尊儒术，但上层社会流行的却是玄谈，玄谈就是以《老子》、《庄子》、《周易》之类为素材，进行哲学化的辨析议论，是极富道家色彩的活动。而我们现在能看到的《列子》，恰是这个时间段的产物。在一个全社会推崇道家思想、研究道家文献的时代，成功伪造的道家经典，对于后世学者来说，其价值显然不会因其"伪"而荡然无存。

从现存的《列子》来看，在思想性上固然更多的是对老庄的弘扬和发挥，谈不上有多少创意，但是在行文和编次技巧上，却是独具匠心的。全书分为八卷，这个数字当然是《汉书·艺文志》记载所限定的，但每卷内容的设定却很有条理，大抵是按照主题进行归纳的。《汤问篇》中从"匏巴鼓琴"、"薛谭学讴"一直到"造父习御"，连续几个大小故事，主题一致，内容相似，却绝无重复，又各有趣味。对于读者来说，连续阅读这样的故事群，效果远好于零星读其一二。

寓言式的论述，是《庄子》的特色，但庄子的故事往往失之诡谲或粗略。比如"朝三暮四"的故事，是庄、列书中都有的，庄子是这样写的：

> 狙公赋芧，曰："朝三而暮四。"众狙皆怒。曰："然则朝四而暮三。"众狙皆悦。名实未亏，而喜怒为用，亦因是也。

列子将其演绎为这样：

> 宋有狙公者，爱狙，养之成群，能解狙之意，狙亦得公之心。损其家口，充狙之欲。俄而匮焉，将限其食，恐众狙之不驯于己也，先诳之曰："与若芧，朝三而暮四，足乎？"众狙皆起而怒。俄而曰："朝四而暮三，足乎？"众狙皆伏而喜。物之以能鄙相笼，皆犹此也。圣人以智笼群愚，亦犹狙公之以智笼众狙也。名实不亏，使其喜怒哉！

在《列子》中这个故事还不算写得出色，但是二者相较，则很清楚可以看到庄子根本无意认真说故事，而列子则有交待，有描写，有情节，显然更具有小说家的自觉意识。对二书中不相同的故事进行比较，这种差距则更为明显。比如"庄周梦蝶"是《庄子》中很经典的故事，但同样是寥寥数语，《列子·周穆王》中蕉鹿的故事则情节完整，起伏有致，人物语言、心理无不精心刻画。如果我们认定《列子》是伪作，那么这也是伪作的一大好处，因为文学是发展的，晚了几百年，在魏晋时代，小说远比战国时更成熟，这时候可以赋予庄子的寓言手段更强的文字技巧，对于宣扬道家思想这个目的，当然是非常有益的。

另外，正如前述杨伯峻先生所论述，《列子》的语言是魏晋六朝的，要证明这一点是一件枯燥的纯语言学工作，但对后世读者而言，越是时代接近的语言，阅读障碍越少，这是不言而喻的。所以，事实上《列子》成了后人接触道家思想的入门读物，由《列子》而读《老》、《庄》，事半功倍。

既然有如此的价值，又何必斤斤于"真伪"二字呢？

四

今传《列子》的版本虽多，但流传脉络并不是很复杂。

尽管历来也有不少白文本《列子》，但它最初当是与张湛注一起出现的，现存最早的是北宋刊本，《四部丛刊》曾据之影印行世。到了唐代，又有卢重玄为之作解，《宛委别藏》中所收《列子解》即不带张注，仅有卢解的一种。此外，唐人殷敬顺又仿陆德明《经典释文》体例，撰成《列子释文》，专门注释《列子》原文和张注中的字词音义；至北宋时，道教学者陈景元又为之作了一些增补工作。

上述三种传统而基本的注释，大致能满足一般读者理解文意的基本需要，所以元明以后许多刊本所附带的大多是这三者。清代以下，也有一些学者对《列子》的旧注进行过较为深入的梳理和考证，但对全书的重新整理，则是由杨伯峻于民国时期完成的《列子集释》，此书问世后多次修订印行。今由中华书局收入《新编诸子集成》第一辑，除了正文和注释之外，历代学者的研究考据成果、与《列子》相关的资料包括作者自己的相关成果都一一附入，实为迄今《列子》最好的专业读本。

现在的整理，是想为爱好传统文化的读者提供一个既充分保持《列子》原貌，同时又尽量能顺畅阅读的普及性本子，并能作为深入了解道家思想文化的阶梯。所以，我们只将《湖海楼丛书》本的原文、张注、释文和《宛委别藏》的卢解相结合，在每段原文之后，按张注、释文、卢解的次序比附各家注语。由于三套注解本来各自成书，所以，对同一个点的注释有时会出现重复或雷同；三书的注音都用传统的反切或直音，释义也不太符合今人的习惯。上述这些问题我们都未加处理，考虑到这样可以让读者直接看到各个注本完整的原貌，通过学习、适应，能更贴切地理解原书的意蕴。

本书采用横排简体、新式标点，书中个别地方因表意或上下文需要，保留有繁体字，比如"迺"字，本当改作"乃"，但注文有"迺音乃"，则连原文也必须保留异体字，否则便不可理解了。另外，在《湖海楼丛书》中，带注原文和释文是相互独立的，释文仅出需要注释的字词作为词头，但有时会有不同，如《黄帝》中"国君卿大夫眹之"，而释文中所出的词头却是"眠"，因此，只能处理成：

"眹"作"眠"：眠，古"视"字也。行，下孟切。

原书中有个别字误或断句的技术问题，我们参考了杨伯峻先生的成果，但为了不破坏全书的面貌，不再在书中另行声明。

目 录

卷　一

天瑞[1] 第一

　　子列子[2]居郑圃,[3]四十年人无识者。[4]国君卿大夫际之,犹众庶也。[5]国不足,[6]将嫁于卫。[7]弟子曰:"先生往无反期,弟子敢有所谒,[8]先生将何以教?先生不闻壶丘子林之言乎?"[9]子列子笑曰:"壶子何言哉?[10]虽然,夫子尝语伯昏瞀人。[11]吾侧闻之,试以告女。[12]其言曰:有生[13]不生[14],有化[15]不化。[16]不生者能生生,[17]不化者能化化。[18]生者不能不生,化者不能不化。[19]故常生常化。[20]常生常化者,无时不生,无时不化。[21]阴阳尔,四时尔,[22]不生者疑独,[23]不化者往复。[24]往复,其际不可终;[25]疑独,其道不可穷。[26]《黄帝书》曰:[27]谷神不死,[28]是谓玄牝。[29]玄牝之门,是谓天地之根。绵绵若存,用之不勤。[30]故生物者不生,化物者不化。[31]自生自化,自形自色,自智自力,自消自息。[32]谓之生化形色智力消息者,非也。"[33]

　　[1]【张注】夫巨细舛错,修短殊性,虽天地之大,群品之众,涉于有生之分,关于动用之域者,存亡变化,自然之符。夫唯寂然至虚凝一而不变者,非阴阳之所终始,四时之所迁革。

　　【释文】夫音符,是发语之端。后不更音。舛,昌兖切。分,符问切。下同。

　　【卢解】夫群动之物,无不以生为主。徒爱其生,不知生生之理。生化者，有形也；生生者，无象也。有形谓之物，无象谓之神。迹可用也，类乎阴阳。论其真也，阴阳所不测。故《易》曰："阴阳不测之谓神。"岂非天地之中大灵瑞也？故曰天瑞。

〔2〕【张注】载"子"于姓上者，首章或是弟子之所记故也。

【释文】冠"子"氏上者，著其为师也。

〔3〕【张注】郑有圃田。

【释文】圃音补。圃田，郑之薮泽也，今在荥阳中牟县。

〔4〕【张注】非形不与物接，言不与物交，不知其德之至，则同于不识者矣。

【释文】无或作亡，同音無。

〔5〕【张注】非自隔于物，直言无是非，行无轨迹，则物莫能知也。

【释文】"眎"作"眠"：眠，古"视"字也。行，下孟切。

〔6〕【张注】年饥。

〔7〕【张注】自家而出谓之嫁。

【卢解】不足，年饥也。嫁者，往也。

〔8〕【释文】谒，请也。

【卢解】谒，请也。

〔9〕【张注】壶丘子林，列子之师。

【释文】壶丘子林，司马彪注《南华真经》云：名林，郑人也。

〔10〕【张注】四时行，百物生，岂假于言哉？

〔11〕【释文】语，一本作"诏"。诏，告也。瞀，莫侯切。后伯昏无人者亦音谋。

〔12〕【张注】伯昏，列子之友，同学于壶子。不言自受教于壶子者，列子之谦者也。

【释文】女音汝。

〔13〕【张注】今块然之形也。

【释文】块，口对切。

〔14〕【张注】生物而不自生者也。

〔15〕【张注】今存亡变改也。

〔16〕【张注】化物而不自化者也。

【卢解】不因物生，不为物化，故能生于众生，化于群化者矣。

〔17〕【张注】不生者，固生物之宗。

〔18〕【张注】不化者，固化物之主。

〔19〕【张注】生者非能生而生，化者非能化而化也，直自不得不生、不得不化者也。

【卢解】凡有生则有死，为物化者常迁，安能无生无死、不化不迁哉？

〔20〕【张注】涉于有动之分者，不得暨无也。

〔21〕【张注】生化相因，存亡复往，理无间也。

〔22〕【张注】阴阳四时，变化之物，而复属于有生之域者，皆随此陶运，四时改而不停，万物化而不息者也。

【释文】而复之复，扶又切。

【卢解】为阴阳所迁顺时转者，皆有形之物也。念念迁化，生死无穷，故常生常化矣。

〔23〕【张注】不生之主，岂可实而验哉？疑其冥一而无始终也。

【卢解】神无方比，故称独也。《老子》曰"独立而不改"也。疑者不敢决言以明深妙者也。

〔24〕【释文】复依字，音服。后不音者，皆是入声。

〔25〕【张注】代谢无间，形气转续，其道不终。

〔26〕【张注】亦何以知其穷与不穷哉？直自疑其独立而不改，周行而不殆也。

【释文】殆音待。

【卢解】四时变易，不可终也；神用变化，亦不可穷也。

〔27〕【释文】黄帝姓公孙，名轩辕，得长生之道，在位一百年。按《汉书·艺文志》有《黄帝书》四篇，《黄帝君臣》一篇，《黄帝

铭》六篇，与道经相类。

[28]【张注】古有此书，今已不存。夫谷虚而宅有，亦如《庄子》之称环中。至虚无物，故谓谷神；本自无生，故曰不死。

[29]【张注】《老子》有此一章，王弼注曰："无形无影，无逆无违，处卑不动，守静不衰，谷以之成而不见其形，此至物也。处卑而不可得名，故谓之玄牝。"

【释文】"无影"作"无景"：牝，毗忍切。景音影。

[30]【张注】王弼曰："门，玄牝之所由也。本其所由，与太极同体，故谓天地之根也。欲言存邪？不见其形，欲言亡邪？万物以生，故曰绵绵若存。无物不成而不劳也，故曰不勤。"

【释文】绵，武延切。邪，以遮切。下同。

【卢解】谷虚而气居其中，形虚而神处其内。玄者，妙而无体；牝者，应用无方。出生入死，无不因之，故曰门也。有形之本，故曰根也。视之不见，用之无穷，故曰若存者也。

[31]【张注】《庄子》亦有此言。向秀注曰：吾之生也，非吾之所生，则生自生耳。生生者岂有物哉？故不生也。吾之化也，非物之所化，则化自化耳。化化者岂有物哉？无物也，故不化焉。若使生物者亦生，化物者亦化，则与物俱化，亦奚异于物？明夫不生不化者，然后能为生化之本也。

【释文】向秀，向音饷，字子期，晋常侍，注《南华真经》二十八篇。

【卢解】此神为生之主，能生物化物，无物能生化之者。

[32]【张注】皆自尔耳，岂有尸而为之者哉？

[33]【张注】若有心于生化形色，则岂能官天地而府万物，赡群生而不遗乎？

【释文】"智"作"知"，"遗"作"匮"：知音智，下同。赡，时艳切。匮音馈，竭也。

【卢解】神之独运，非物能使，若因情滞有同物生化，皆非道也。

子列子曰："昔者圣人因阴阳以统天地。[1]夫有形者生于无形，[2]则天地安从生？[3]故曰：有太易，有太初，有太始，有太素。[4]太易者，未见气也；[5]太初者，气之始也；[6]太始者，形之始也；[7]太素者，质之始也。[8]气形质具而未相离，[9]故曰浑沦。[10]浑沦者，言万物相浑沦而未相离也。[11]视之不见，听之不闻，循之不得，故曰易也。[12]易无形埒，[13]易变而为一，[14]一变而为七，七变而为九。九变者，究也，[15]乃复变而为一。[16]一者，形变之始也。[17]清轻者上为天，[18]浊重者下为地，[19]冲和气者为人，故天地含精，万物化生。[20]

[1]【张注】天地者，举形而言；阴阳者，明其度数统理。

【卢解】夫有形之物，皆有所生以运行之。举其所大者，天地也；运天地者，阴阳也。阴阳，气之所变，无质无形，天地因之以见生杀也。阴阳易辩，神识难明，借此以喻彼，以为其例，然后知神以制形，无以有其生也。

[2]【张注】谓之生者，则不无；无者，则不生。故有无之不相生，理既然矣，则有何由而生？忽尔而自生。忽尔而自生，而不知其所以生；不知所以生，生则本同于无。本同于无，而非无也。此明有形之自形，无形以相形者也。

[3]【张注】天地无所从生，而自然生。

【卢解】天地，形之大者也。阴阳者，非神识也。有形若生于无形者，天地岂有神识心性乎？若其无者，从何而生耶？假设此问者，将明万物者有生也。

[4]【张注】此明物之自微至著，变化之相因袭也。

【释文】"太"作"大"：大音太，下同。

[5]【张注】易者，不穷滞之称。凝寂于太虚之域，将何所见耶？如《易·系》之太极，老氏之浑成也。

【释文】"浑"作"混"：见，贤遍切，下同。称，尺证切，下同。系，胡计切。混，胡本切。

［6］【张注】阴阳未判，即下句所谓浑沦也。

［7］【张注】阴阳既判，则品物流形也。

［8］【张注】质，性也。既为物矣，则方员刚柔，静躁沉浮，各有其性。

［9］【张注】此直论气形质，不复说太易，太易为三者宗本，于后句别自明之也。

【释文】离，力智切，去也。或作平声读。近曰离，远曰别，后以意求之也。别，彼列切。

［10］【释文】浑音魂，沦音论，下同。

［11］【张注】虽浑然一气不相离散，而三才之道实潜兆乎其中。沦，语之助也。

【释文】散，先汗切，卷内同。

［12］【释文】循音旬。

［13］【张注】不知此下一字。《老子》曰"视之不见名曰希"，而此曰易，易亦希简之别称也。太易之义如此而已，故能为万化宗主，冥一而不变者也。

【释文】"埒"作"挱"：《淮南子》作形埒，谓兆朕也，《乾凿度》作形畤。今从手者转谓误也。

［14］【张注】所谓易者，窈冥惚恍，不可变也，一气恃之而化，故寄名变耳。

【释文】"恍"作"怳"：自一经九，大衍之数。惚音忽。怳，况往切。

［15］【张注】究，穷也。一变而为七九，不以次数者，全举阳数，领其都会。

【释文】数，色主切。

［16］【释文】"乃"作"迺"：迺，古"乃"字。

〔17〕【张注】既涉于有形之域，理数相推，自一之九。九数既终，乃复反而为一。反而为一，归于形变之始。此盖明变化往复无穷极。

〔18〕【释文】上，时掌切。

〔19〕【张注】天地何耶，直虚实清浊之自分判者耳。此一章全是《周易乾凿度》也。

〔20〕【张注】推此言之，则阴阳气遍交会而气和，气和而为人生，人生则有所倚而立也。

【释文】倚，於绮切。

【卢解】一三五七九，阳之数也。极则反一，运行无穷。《易》曰，"本乎天者亲上，本乎地者亲下"。亲下者，草本之类是也；亲上者，含识之类是也。故动物有神，植物无识。无识者为气所变，有神者为识所迁，故云太易太初以至浑沦，言气之渐也。其中精粹者，谓之为神。神气精微者为贤为圣，神气杂浊者为凡为愚，乃至含生差别，则多品矣。

子列子曰："天地无全功，圣人无全能，万物无全用。[1]故天职生覆，地职形载，圣职教化，物职所宜。[2]然则天有所短，地有所长，圣有所否，[3]物有所通。[4]何则？生覆者不能形载，形载者不能教化，教化者不能违所宜，[5]宜定者不出所位。[6]故天地之道，非阴则阳；圣人之教，非仁则义；万物之宜，非柔则刚：此皆随所宜而不能出所位者也。[7]故有生者，有生生者；有形者，有形形者；有声者，有声声者；有色者，有色色者；有味者，有味味者。[8]生之所生者死矣，而生生者未尝终；形之所形者实矣，而形形者未尝有；声之所声者闻矣，而声声者未尝发；色之所色者彰矣，而色色者未尝显；味之所味者尝矣，而味味者未尝呈：[9]皆无为之职也。[10]能阴能阳，能柔能刚，能短能长，能员能方，能生能死，能暑能凉，能浮能沈，能宫能商，能出能没，能玄能黄，能甘能苦，能膻能香。[11]无知也，无能也，而无不知也，而无不能也。"[12]

[1]【张注】全犹备也。

[2]【张注】职，主也。生各有性，性各有所宜者也。

[3]【释文】"圣有所否"作"天地所否"：否，蒲鄙切，塞也。

[4]【张注】夫体适于一方者，造馀涂则阂矣。王弼曰："形必有所分，声必有所属。若温也，则不能凉；若宫也，则不能商。"

【释文】造，七到切。阂音碍。属音烛。

[5]【张注】顺之则通也。

[6]【张注】皆有素分，不可逆也。

【释文】分，符问切，下"名分"、"形分"同。

[7]【张注】方员静躁，理不得兼。然寻形即事，则名分不可相干；任理之通，方员未必相乖。故二仪之德，圣人之道，焘育群生，泽周万物，尽其清宁贞粹而已。则殊涂融通，动静澄一，盖由圣人不逆万物之性，万物不犯圣人之化。凡滞于一方者，形分之所阂耳。道之所运，常冥通而无待。

【释文】焘音蹈，覆也。粹音邃。

【卢解】气运者能覆载，神运者能教化，然则天地生万物，圣人随状而用之。

[8]【张注】形、声、色、味皆忽尔而生，不能自生者也。夫不能自生，则无为之本。无为之本，则无当于一象，无系于一味，故能为形气之主，动必由之者也。

【释文】系音计。

【卢解】有形之始谓之生，能生此生者谓之形神。能形其形，能声其声，能色其色，能味其味者，皆神之功，以无制有。

[9]【张注】夫尽于一形者，皆随代谢而迁革矣，故生者必终，而生生物者无变化也。

【释文】呈，示见也。

[10]【张注】至无者，故能为万变之宗主也。

【卢解】神所运用，有始必终。形声色味，皆非自辩者也，所以潜运者，乃神之功高焉，无为而无不为也。

[11]【释文】膻，式连切。

[12]【张注】知尽则无知，能极则无能，故无所不知，无所不能。何晏《道论》曰："有之为有，恃无以生；事而为事，由无以成。夫道之而无语，名之而无名，视之而无形，听之而无声，则道之全焉。故能昭音向而出气物，包形神而章光影，玄以之黑，素以之白，矩以之方，规以之员。员方得形而此无形，白黑得名而此无名也。"

【释文】"向"作"响"，"影"作"景"：论，卢因切。恃音市。名，弥正切，与諮同。响，许两切。景音影。

【卢解】《老子》曰："吾不知谁之子，象帝之先。"言此神也。先天先地，神鬼神帝，无能知者，无能证者。若能体证兹道，则天地之内无不知，无不能矣。

子列子适卫，食于道，从者见百岁髑髅，[1]攓蓬而指，[2]顾谓弟子百丰曰："唯予与彼知而未尝生未尝死也。[3]此过养乎？此过欢乎？[4]种有几：[5]若蛙为鹑，[6]得水为䗯，[7]得水土之际，则为蛙蠙之衣。[8]生于陵屯，[9]则为陵舄。[10]陵舄得郁栖，则为乌足。[11]乌足之根为蛴螬，[12]其叶为胡蝶。[13]胡蝶胥也[14]化而为虫，[15]生灶下，[16]其状若脱，[17]其名曰鸲掇。[18]鸲掇千日[19]化而为鸟，其名曰干馀骨。干馀骨之沫为斯弥。[20]斯弥为食醯颐辂。[21]食醯颐辂生乎食醯黄軦，[22]食醯黄軦生

乎九猷。[23]九猷生乎瞀芮，[24]瞀芮生乎腐蠸。[25]羊肝
化为地皋，马血之为转邻也，[26]人血之为野火也。[27]鹞
之为鹯，[28]鹯之为布谷，[29]布谷久复为鹞也，鹰之为蛤
也，[30]田鼠之为鹑也，[31]朽瓜之为鱼也，[32]老韭之为苋
也，[33]老羭之为猨也，[34]鱼卵之为虫。[35]亶爰之兽自孕
而生曰类。[36]河泽之鸟视而生曰鹢。[37]纯雌其名大肴，
纯雄其名稺蜂。[38]思士不妻而感，思女不夫而孕。[39]后
稷生乎巨迹，[40]伊尹生乎空桑。[41]厥昭生乎湿。[42]醯鸡
生乎酒。[43]羊奚比乎不筍。[44]久竹生青宁，[45]青宁生
程，[46]程生马，马生人。[47]人久入于机。万物皆出于机，
皆入于机。[48]

[1]【释文】"从"作"徒"：司马彪云：徒，道旁也。一本或作
从。髑髅音独娄。

[2]【张注】攓，拔也。

【释文】"蓬"作"逢"：攓音蹇。逢音蓬，蒿也。拔，皮八切。

[3]【张注】俱涉变化之涂，则予生而彼死，推之至极之域，则
理既无生，亦又无死也。

【卢解】形则有生有死，神也无死无生。我如神在，彼如神去。髑
髅与我生死不同，若悟其神，未尝生死。

[4]【张注】遭形则不能不养，遇生则不能不欢，此过误之徒，
非理之实当也。

【释文】过，古"卧"切。当，丁浪切。

【卢解】既受其形，则欢养失理，以至于死耳。

[5]【张注】先问变化种数凡有几条，然后明之于下。

【释文】种，章勇切。几，居岂切。

[6]【张注】事见《墨子》。

【释文】鹑音淳。见，贤遍切。《墨子》曰"夫物或有久，或无

久，始当无久化，若鼃为鹑"也。

［7］【释文】齝音计，司马彪云：万物虽有兆朕，得水润之气，乃相继而生也。

［8］【张注】衣犹覆盖。

【释文】蟦，步田切。司马彪云：物根在水土际，布在水中，就水上视之，不见，钞之，可得，如张绵在水中矣。楚人谓之蓏蟦之衣。

［9］【张注】陵屯，高洁处也。

【释文】屯音豚，阜也。处，昌据切，下同。

［10］【张注】此随所生之处而变者也。

【释文】陵舄，舄音昔，一名泽舄，随燥湿之变也。

［11］【张注】此合而相生也。

【释文】郁栖，粪壤也。乌足，草名也。

［12］【释文】郭注《尔雅》云："在木中。今虽通名为蝎，所在异。"

［13］【张注】根，本也。叶，散也。言乌足为蛴螬之本，其末散化为胡蝶也。

【释文】蝶音楪，即蛱蝶也。蛱音颊。

［14］【张注】胥，皆也，言物皆化也。

［15］【释文】师说云：胥，少也，谓少去时也。

［16］【释文】得热气生。

［17］【释文】脱，他括切。郭注《尔雅》云：脱谓剥皮也。

［18］【张注】此一形之内变异者也。

【释文】鸲音衢。掇，丁括切。鸲掇，虫名。

［19］【张注】千日而死。

［20］【张注】沫犹精华生起。

【释文】"骨"作"胥"：沫音末。胥，《南华真经》作骨。李颐曰：沫，口中汁也。斯弥，虫名。

［21］【释文】醯，许今切，苦酒上蠛蠓也。亦曰醯鸡，下同。

［22］【释文】軦音况。颐辂、黄軦，皆虫也。

［23］【释文】李云：九，当作"久"。久，老也。猷，虫名。

［24］【释文】瞀，茂、谋二音。芮音蚋，小虫也，喜去乱飞。

［25］【张注】此皆死而更生之一形者也。

【释文】腐音辅。蠸音权，一音欢，谓瓜中黄甲虫也。

［26］【释文】皋音高。顾胤《汉书集解》云：如淤泥。邻，《说文》作燐，又作磷，皆鬼火也。《淮南子》云血为磷也。音吝。

［27］【张注】此皆一形之内自变化也。

［28］【释文】鹞音曜。鹯音毡。

［29］【释文】"布谷"作"布毂"：本又作谷。陆机《毛诗鸟兽疏》云：鹞似鹞，黄毛、鹞头、苍身皆相似，其飞急疾，取鸠、鸽、燕、雀食之。布毂，鹃鴂也，一名尸鸠，一名击谷，一名乘鸠。仲春雀、鹞、鹰、鹯之化为鸼也，音掬。

［30］【释文】"鹜"作"燕"：蛤音合。《家语》云：冬则燕雀入海化为蛤。燕或作雀。《周书》曰：雀入大水化为蛤。

［31］【释文】鹑音淳，与鼍化同。《说文》云：鹑，鴽也。《大戴礼》，三月田鼠化为鴽，《周书》云化鴽。郭注《尔雅》云：鴽亦鹑也。鹑音谙。鴽音如。

［32］【释文】"朽"作"夵"：夵音朽。

［33］【释文】"苋"作"莞"：韭，举有切。莞音官，似蒲而圆，今之为席是也。杨承庆《字统》音关，一作"苋"，侯辨切，转写误也。

［34］【张注】羭，牝羊也。

【释文】羭音俞，牝羊也，又黑羊也。猨音猿。

［35］【张注】此皆无所因感自然而变者也。

【释文】卵，来短切。

［36］【张注】亶音蝉。《山海经》云："亶爰之山有兽，其状如狸而有发，其名曰类，自为牝牡相生也。"

【释文】"发"作"鬈"：亶爰，上蝉下袁。狸，力之切。鬈音毛，垂发也。牝，毗忍切。牡音某。

[37]【张注】此相视而生者也。《庄子》曰，"白鶂相视，眸子不运，而风化之也"。

【释文】鶂，五历切。《三苍》云：鸽，鶂也。司马彪云：鸟子也。眸音谋。

[38]【张注】大翼，龟鳖之类也。稗，小也。此无雌雄而自化。上言虫兽之理既然，下明人道亦有如此者也。

【释文】稗，古"稚"字也。蜂音丰。司马彪云：稚蜂，细腰者，取桑虫祝之，使似己之子也。

[39]【张注】《大荒经》曰："有思幽之国，思士不妻，思女不夫。精气潜感，不假交接而生子也。"此亦白鶂之类也。

【释文】孕，以证切。

[40]【张注】传记云，高辛氏之妃名姜原，见大人迹，好而履之，如有人理感己者，遂孕，因生后稷。长而贤，乃为尧佐。即周祖也。

【释文】"生"作"长"：好，呼报切。长，丁丈切。注同也。

[41]【张注】传记曰：伊尹母居伊水之上，既孕，梦有神告之曰："臼水出而东走，无顾！"明日视臼出水，告其邻，东走，十里而顾，其邑尽为水，身因化为空桑。有莘氏女子采桑，得婴儿于空桑之中，故命之曰伊尹，而献其君。令庖人养之。长而贤，为殷汤相。

【释文】臼音旧。辛，疏臻切。婴或作缨，非。相，息亮切。

[42]【张注】此因蒸润而生。

【释文】厥昭，鲁子云：孤藜一名厥昭，恒翔绕其木，不能离之。师说云：孤藜，蜻蛉虫也。蜻蛉，音青零。湿，失入切。蒸音证。

[43]【张注】此因酸气而生。

【释文】醯鸡，蠓蠓也。

[44]【张注】此异类而相亲比也。

13

【释文】比音毗。筍音笋。

[45]【张注】因于林薮而生。

【释文】《南华真经》从羊奚至青宁连为一句。司马彪云：羊奚，草名，根似芜青，与久竹比合，皆生非类。青宁，虫名也。

[46]【张注】自从蟼至于程，皆生生之物，蚳、鸟、虫、兽之属，言其变化无常，或以形而变，或死而更生，终始相因，无穷已也。

【释文】《尸子》云：程，中国谓之豹，越人谓之貘。按《尔雅》，熊虎丑，其子豹。豹，熊虎之子也。《山海经》云：南山多貘豹。郭注云：貘是豹之白者，豹即虎生非类也。据程是貘之别名也。按貘似熊，毛又黄而黑，有光泽者。貘音陌。

[47]【释文】《搜神记》云：秦孝公时有马生人，刘向以为马祸。

[48]【张注】夫生死变化，胡可测哉？生于此者，或死于彼；死于彼者，或生于此。而形生之生，未尝暂无。是以圣人知生不常存，死不永灭，一气之变，所适万形。万形万化而不化者，存归于不化，故谓之机。机者，群有之始，动之所宗，故出无入有，散有反无，靡不由之也。

【卢解】种之类也。言种有类乎？亦互相生乎？设此问者，欲明神之所适则为生，神之所去则为死，形无常主，神无常形耳。神本无期，形则有凝。一受有形之质，犹机关系束焉，生则为出，死则为入。

《黄帝书》曰："形动不生形而生影，声动不生声而生响，[1]无动不生无而生有。"[2]形，必终者也，天地终乎？与我偕终。[3]终进乎？不知也。[4]道终乎本无始，进乎本不久。[5]有生则复于不生，有形则复于无形。[6]不生者，[7]非本不生者也；[8]无形者，[9]非本无形者也。[10]生者，理之必终者也。终者不得不终，亦如生者之不得不生。[11]而欲恒其生，画其终，惑于数也。[12]精神者，天之分；[13]骨骸者，地之分。属天清而散，属地浊而聚。精神离形，各归其真，[14]故谓之鬼。鬼，归也，归其真宅。[15]黄帝曰："精神入其门，骨骸反其根，我尚何存？"[16]

[1]【张注】夫有形必有影，有声必有响，此自然而并生，俱出而俱没，岂有相资前后之差哉？郭象注《庄子》论之详矣。而世之谈者，以形动而影随，声出而响应。圣人则之以为喻，明物动则失本，静则归根，不复曲通影响之义也。

【释文】响，许两切，后同。应，于证切。复，扶又切。

[2]【张注】有之为有，恃无以生。言生必由无，而无不生有。此运通之功必赖于无，故生动之称，因事而立耳。

【释文】称，尺证切。

【卢解】形有所生，不能生无，影响是也；神而无形，动则生有，万类是也。

[3]【张注】料巨细，计修短，则与我殊矣。会归于终，理固无差也。

【释文】偕音皆。料音聊。

【卢解】大小虽殊，同归于尽耳。

[4]【张注】进当为尽。此书尽字例多作进也。聚则成形，散则为终，此世之所谓终始也。然则聚者以形实为始，以离散为终；散者以虚漠为始，以形实为终。故迭相与为终始，而理实无终无始者也。

【释文】进音尽，下同。漠音莫。迭音侄。

【卢解】进当为尽。假设问者，言天地有终尽乎？为复不知乎？其下自答也。

[5]【张注】"久"当为"有"。无始故不终，无有故不尽。

【释文】久音有。

[6]【张注】生者反终，形者反虚，自然之数也。

【卢解】凡有始有终皆本乎无始，归于不有。今从太初浑沦而言之，是有始也，安得不终乎？安得不尽乎？

［7］【张注】此不生者，先有其生，然后之于死灭。

【释文】先，悉荐切，下同。

［8］【张注】本不生者，初自无生无灭。

［9］【张注】此无形亦先有其形，然后之于离散。

［10］【张注】本无形者，初自无聚无散者也。夫生生物者不生，形形物者无形，故能生形万物，于我体无变。今谓既生既形，而复反于无生无形者，此故存亡之往复尔，非始终之不变者也。

【释文】而复之复，扶又切。

【卢解】所言神之不生者，非本不曾生也。万物所以生，群品所以形，皆神之所运也。以其能生生，而即体无生灭耳。是非都无形生，同夫太虚之气。

［11］【张注】生者不生而自生，故虽生而不知所以生。不知所以生，则生不可绝；不知所以死，则死不可御也。

［12］【张注】画，亡也。

【释文】画，胡麦切，计策也。一本作"尽"，于义不长。

【卢解】有生之物，必有终极，亦如和气萌达，草木不得不生，而欲令长生者，迷于至数者也。

［13］【释文】"分"作"久"：久音有，下同。本作篆文，与久字相类。按《汉书》杨王孙曰：精神者天之有，骨骸者地之有。王孙常读此经，今国子监本作"分"。

［14］【张注】天分归天，地分归地，各反其本。

［15］【张注】真宅，太虚之域。

【卢解】神明离于形，谓之死也。归真宅，反乎太清也。以太清为真宅者，明此形骸而为虚假耳。

［16］【张注】何生之无形，何形之无气，何气之无灵？然则心智形骸，阴阳之一体，偏积之一气。及其离形归根，则反其真宅，而我无

物焉。

【卢解】凡人以形为我，缘我则有情。情多者爱溺深，而情少者嗜欲薄。唯至人无我，了识其神；凡人不知，封执弥厚。令神归乎真，形归乎地，向时之我，竟何在耶?

人自生至终，大化有四：[1]婴孩也，少壮也，[2]老耄也，[3]死亡也。其在婴孩，气专志一，和之至也，物不伤焉，德莫加焉。[4]其在少壮，则血气飘溢，[5]欲虑充起；物所攻焉，德故衰焉。[6]其在老耄，则欲虑柔焉；体将休焉，物莫先焉。[7]虽未及婴孩之全，方于少壮，间矣。[8]其在死亡也，则之于息焉，反其极矣。[9]

[1]【张注】其间迁易，无时暂停，四者盖举大较而言者也。
【释文】较音角。
【卢解】夫婴儿者，是非未生乎心也，故德厚而志专矣。及欲虑充起，攻之者必多，衰老气柔，更近于道，命之终极，乃休息焉。
[2]【释文】少，诗照切，下同。
[3]【释文】耄，莫报切。
[4]【张注】《老子》曰："含德之厚，比于赤子。"
[5]【释文】飘音漂。
[6]【张注】处力竞之地，物所不与也。
【释文】"故"作"殷"：殷，正也。一本作"故"。
[7]【张注】休，息也。己无竞心，则物不与争。
【释文】争音诤。
[8]【释文】间，古苋切，隔也。
[9]【卢解】近于性则体道，惑于情则丧真，故含德之厚比于赤子。倦而不作，犹为次焉。方之驰竞，大可知也。

　　孔子游于太山，[1]见荣启期行乎郕之野，[2]鹿裘带索，[3]鼓琴而歌。孔子问曰："先生所以乐，何也？"[4]对曰："吾乐甚多：天生万物，唯人为贵。而吾得为人，是一乐也。[5]男女之别，[6]男尊女卑，故以男为贵；吾既得为男矣，是二乐也。[7]人生有不见日月、不免襁褓者，[8]吾既已行年九十矣，是三乐也。贫者士之常也，死者人之终也，处常得终，当何忧哉？"孔子曰："善乎！能自宽者也。"[9]

　　[1]【释文】"太"作"大"：大音泰。

　　[2]【释文】郕音成，鲁之邑名。

　　[3]【释文】索，先各切。

　　[4]【释文】"以乐"作"为乐"：乐音洛，下同。

　　[5]【张注】推此而言，明人之神气，与众生不殊；所适者异，故形貌不一。是以荣启期深测倚伏之缘，洞识幽显之验，故忻遇人形，兼得男贵，岂孟浪而言？

　　[6]【释文】别，彼列切。

　　[7]【张注】人之将生，男女亦无定分，故复喜得男身。

　　【释文】分，扶问切。复，扶又切。

　　[8]【释文】"襁褓"作"襁保"：襁，居两切；本或作繦。褓，《博物志》云：织缕为之，广八寸，长尺二，以约小儿于背上。

　　[9]【张注】不能都忘忧乐，善其能推理自宽慰者耳。

　　【卢解】夫大冶铸金，依范成质，故神为其范，群形以成。男女修短，阴阳已定矣。何者？神运其功，形为功报耳。形既不能自了，神者未形己知。启期暮年方始为乐，是知道之晚。情滞于形，夫子但善其自宽，未许其深达至道。

　　林类年且百岁，[1]底春被裘，[2]拾遗穗于故畦，[3]并歌并进。[4]孔子适卫，望之于野。顾谓弟子曰："彼叟可与言者，[5]试往讯之！"[6]子贡请行。逆之垄端，[7]面之而叹曰："先生曾不悔乎，[8]而行歌拾穗？"林类行不留，歌不辍。[9]子贡叩之不已，[10]乃仰而应曰：[11]"吾何悔邪？"子贡曰："先生少不勤行，[12]长不竞时，[13]老无妻子，死期将至：亦有何乐而拾穗行歌乎？"[14]林类笑曰："吾之所以为乐，人皆有之，而反以为忧。[15]少不勤行，长不竞时，故能寿若此。[16]老无妻子，死期将至，故能乐若此。[17]子贡曰："寿者人之情，死者人之恶。[18]子以死为乐，何也？"林类曰："死之与生，一往一反。故死于是者，安知不生于彼？故吾知其不相若矣。吾又安知营营而求生非惑乎？亦又安知吾今之死不愈昔之生乎？"[19]子贡闻之，不喻其意，还以告夫子。[20]夫子曰："吾知其可与言，果然；然彼得之而不尽者也。"[21]

　　[1]【张注】书传无闻，盖古之隐者也。

　　【释文】类音泪，或本作"颖"者误认。

　　[2]【张注】底，当。

　　【释文】底，都礼切。被音备。

　　[3]【张注】收刈后田中弃谷捃之也。

　　【释文】穗音遂。畦音携。捃，居运切。

　　[4]【释文】并，蒲浪切，下同，谓傍畦而行。

　　[5]【释文】叟，西口切。

　　[6]【释文】"试往讯之"作"有试往讯之"：讯音信，一本无"有"字。

　　[7]【释文】垄，力踵切。

　　[8]【释文】曾音层。

[9]【释文】辍，丁劣切，止也。

[10]【释文】叩，丘候切。

[11]【释文】应，于证切。

[12]【释文】少，诗照切。行，下孟切，下同。

[13]【释文】长，丁丈切，下同。

[14]【释文】乐音洛。

[15]【张注】我所以为乐者，人人皆同，但未能触事而夷，故无暨欢。

【卢解】仁者不忧，智者不惧，不受形也。生分已随之，是以君子不戚戚于贫贱，不遑遑于富贵。人不达此，反以为忧，汝亦何怪于我也？

[16]【张注】不勤行，则无名誉；不竞时，则无利欲。二者不存于胸中，则百年之寿不祈而自获也。

【释文】寿音受。

【卢解】勤于非行之行，竞于命外之时，求之不跋，伤生夭寿矣。吾所以乐天知命，而得此寿。

[17]【张注】所谓乐天知命，故无忧也。

【卢解】妻子适足以劳生苦心，岂能延人寿命？居常待终，心无忧戚，是以能乐若此也。

[18]【释文】恶，乌路切。

[19]【张注】寻此旨，则存亡往复无穷已也。

【释文】愈音与。

【卢解】知形有代谢，神无死生，一往一来，犹朝与暮耳，何故营营贪此而惧彼哉？

[20]【释文】告，古沃切，下章同。

[21]【张注】卒然闻林类之言，盛以为己造极矣，而夫子方谓未尽。夫尽者，无所不尽，亦无所尽，然后尽理都全耳。今方对无于有，去彼取此，则不得不觉内外之异。然所不尽者，亦少许处耳。若夫万变

玄一，彼我两忘，即理自夷，而实无所遣。夫冥内游外，同于人群者，岂有尽与不尽者乎？

【释文】卒，仓没切。造，七到切。去，丘吕切。处，昌据切。

【卢解】死此生彼，必然之理也。林类所言"安知"者是疑似之言耳，故云未尽。

　　子贡倦于学，告仲尼曰："愿有所息。"[1]仲尼曰："生无所息。"[2]子贡曰："然则赐息无所乎？"仲尼曰："有焉耳。望其圹，[3]睪如也，[4]宰如也，[5]坟如也，[6]鬲如也，[7]则知所息矣。"[8]子贡曰："大哉死乎！君子息焉，小人伏焉。"[9]仲尼曰："赐！汝知之矣。人胥知生之乐，未知生之苦；知老之惫，[10]未知老之佚；[11]知死之恶，未知死之息也。[12]晏子曰：[13]'善哉，古之有死也！[14]仁者息焉，不仁者伏焉。'[15]死也者，德之徼也。[16]古者谓死人为归人。夫言死人为归人，则生人为行人矣。行而不知归，失家者也。一人失家，一世非之；天下失家，莫知非焉。[17]有人去乡土、离六亲、废家业，游于四方而不归者，何人哉？[18]世必谓之为狂荡之人矣。又有人锺贤世、[19]矜巧能、修名誉，[20]夸张于世而不知已者，[21]亦何人哉？世必以为智谋之士。此二者，胥失者也。[22]而世与一不与一，唯圣人知所与，知所去。"[23]

　　[1]【张注】学者，所以求复其初，乃至于厌倦，则自然之理亏矣。

【释文】厌，於艳切。

　　[2]【张注】劳知虑，役支体，此生者之事。《庄子》曰：生为徭役。

［3］【释文】圹音旷，墓穴也。荀卿有此篇。

［4］【释文】睪音皋。

［5］【释文】言如冢宰也。

［6］【释文】如坟墓也。

［7］【释文】鬲音历，形如鼎。又音隔。

［8］【张注】见其坟壤鬲翼，则知息之有所。《庄子》曰：死为休息也。

［9］【张注】乐天知命，泰然以待终，君子之所以息；去离忧苦，昧然而死，小人之所以伏也。

【释文】伏焉，荀卿作休焉。乐音洛，下同。去，丘吕切。离，力智切。昧音妹。

［10］【释文】惫，蒲界切，疲也。

［11］【释文】佚音逸。

［12］【张注】《庄子》曰：大块载我以形，劳我以生，佚我以老，息我以死耳。

【卢解】夫生者，动用之质也，唯死乃能休息耳。亦犹太阳流光，群物皆动。君子徇名，小人徇利，未尝休止也。

［13］【释文】晏子，齐大夫晏婴。

［14］【张注】生死古今所同，而独善古之死者，明古人不乐生而恶死也。

【释文】乐音洛。恶，乌路切。

［15］【张注】修身慎行，恒怀竞惧，此仁者之所忧；贪欲纵肆，常无厌足，此不仁者之所苦。唯死而后休息寝伏之。

【释文】行，下孟切。厌，一盐切。

［16］【张注】德者，得也。徼者，归也。言各得其所归。

【释文】徼音叫。

［17］【张注】此众寡相倾者也。晏子儒墨为家，重形生者，不辨有此言，假托所称耳。

【卢解】《老子》曰："归根曰静，静曰复命，复命曰常，知常曰明。不知常，妄作，凶。"神之有形，一期之报。迷本执有，劳神苦心，疲亦极矣。唯死也乃归乎真，犹脱桎梏而舍负担也。贪生恶死者苟恋乎有，曾不知归于本焉，而天下不以为非迷者多矣。

[18]【释文】"哉"作"才"：才音哉，下同。

[19]【张注】锺贤世宜言重形生。

【释文】"锺"作"种"：种贤世音重形生。

[20]【释文】誉，余据切。

[21]【释文】"夸"作"跨"：跨，口花切。已音以。

[22]【张注】此二者虽行事小异，而并不免于溺丧也。

[23]【张注】以生死为窹寐者与之，溺丧忘归者去之。

【释文】去，丘吕切，注同。窹音悟。

【卢解】夫弃本逐末，劳神苦心，顺情之与求名，逐欲之与徇利，二者俱失也。何厚何薄哉？而群所谓，则举世为是也。凡执所滞，则举世为非矣。唯有道者知去与焉。故《庄子》云：臧与谷二人俱牧羊，俱亡羊。一则博塞问，一则读书。善恶虽殊，亡羊一也。苟失道，则游方之与修学，夫何远哉？

或谓子列子曰："子奚贵虚？"列子曰："虚者无贵也。"[1]子列子曰："非其名也，[2]莫如静，莫如虚。静也虚也，得其居矣；取也与也，失其所矣。[3]事之破碢而后有舞仁义者，弗能复也。"[4]

[1]【张注】凡贵名之所以生，必谓去彼而取此，是我而非物。今有无两忘，万异冥一，故谓之虚。虚既虚矣，贵贱之名，将何所生？

【释文】去，丘吕切。

[2]【张注】事有实著，非假名而后得也。

　　〔3〕【张注】夫虚静之理，非心虑之表，形骸之外，求而得之，即我之性。内安诸己，则自然真全矣。故物所以全者，皆由虚静，故得其所安。所以败者，皆由动求，故失其所处。

　　【卢解】或问贵虚。答曰：无贵。吾所以好虚者，非为名也。夫虚室生白，吉祥止耳。唯静唯虚，得其居矣。若贪求取与，神失其安，然后名利是非，纷竞交凑，将何以堪之？故虚非我贵耳。

　　〔4〕【张注】当为之于未有，治之于未乱。乃至亏丧凋残，方欲鼓舞仁义，以求反性命之极者，未之得也。碍音毁。

　　【释文】碍音毁。丧，息浪切。

　　【卢解】吾所言虚，是修于未乱耳。若使真性破毁，心神汩昏，更弄仁义之辞教，易情之波荡，故不能克复矣。

　　粥熊曰：〔1〕"运转亡已，〔2〕天地密移，畴觉之哉？〔3〕故物损于彼者盈于此，成于此者亏于彼。〔4〕损盈成亏，随世随死。〔5〕往来相接，间不可省，畴觉之哉？〔6〕凡一气不顿进，〔7〕一形不顿亏，亦不觉其成，亦不觉其亏。〔8〕亦如人自世〔9〕至老，貌色智态，亡日不异，皮肤爪发，随世随落，非婴孩时有停而不易也。〔10〕间不可觉，俟至后知。"〔11〕

　　〔1〕【释文】粥音育。粥熊，周文王师，封于楚，著《子书》二十二篇。

　　〔2〕【释文】亡已音无以。

　　〔3〕【张注】此则庄子舟壑之义。孔子曰："日夜无隙，丘以是徂。"夫万物与化为体，体随化而迁。化不暂停，物岂守故？故向之形生非今形生，俯仰之间，已涉万变，气散形朽，非一旦顿至，而昧者操必化之器，托不停之运，自谓变化可逃，不亦悲乎？

【释文】操，七刀切。

［4］【张注】所谓川竭谷虚，丘夷渊实也。

［5］【张注】此世亦宜言生。

【释文】世音生，下同。

［6］【张注】成者方自谓成，而已亏矣；生者方自谓生，潜已死矣。

【释文】省上声。

［7］【释文】进音尽。

［8］【张注】皆在冥中而潜化，固非耳目所瞻察。

【释文】瞻作瞩：瞩音烛，一本作"瞻"。

［9］【张注】音生。

【释文】世音生。

［10］【张注】形色发肤，有之粗者，新故相换，犹不可识，况妙于此者乎？

［11］【卢解】夫心识潜运，阴阳鼓作，故形体改换，天地密移，损益盈虚，谁能觉悟？所以贵夫道者，知本而不忧亡也。

杞国有人忧天地崩坠，身亡所寄，废寝食者。[1]又有忧彼之所忧者，因往晓之，[2]曰："天，积气耳，亡处亡气。若屈伸呼吸，终日在天中行止，奈何忧崩坠乎？"[3]其人曰："天果积气，日月星宿，不当坠耶？"[4]晓之者曰："日月星宿，亦积气中之有光耀者，[5]只使坠，亦不能有所中伤。"[6]其人曰："奈地坏何？"晓者曰："地积块耳，[7]充塞四虚，[8]亡处亡块。若蹈步跐蹈，[9]终日在地上行止，奈何忧其坏？"其人舍然大喜，[10]晓之者亦舍然大喜。[11]长庐子闻而笑之曰：[12]"虹蜺也，[13]云雾也，风雨也，四时也，此积气之成乎天者也。山岳也，河海也，金石也，火木也，此积形之成乎地者也。知积气也，知积块也，奚谓不坏？[14]夫天地，空中之一细物，有中之最巨者。[15]难终难穷，此固然矣；难测难识，此固然矣。忧其坏者，诚为大远；[16]言其不坏者，亦为未是。天地不得不坏，则会归于坏。遇其坏时，奚为不忧哉？[17]子列子闻而笑曰："言天地坏者亦谬，言天地不坏者亦谬。坏与不坏，吾所不能知也。虽然，彼一也，此一也。[18]故生不知死，死不知生；来不知去，去不知来。坏与不坏，吾何容心哉？"[19]

[1]【释文】"坠"作"隊"：杞音起。《系本》云：殷汤封夏后于杞，周又封之，今在陈留雍丘县，武德年曾置杞州地是也。隊音坠。

[2]【张注】彼之所忧者惑矣，而复以不惑忧彼之所惑，不忧彼之所忧，喻积惑弥深，何能相喻也。

[3]【张注】夫天之苍苍，非铿然之质，则所谓天者，岂但远而无所极邪？自地而上则皆天矣。故俯仰喘息，未始离天也。

[4]【释文】宿音秀，下同。

[5]【张注】气亦何所不胜，虽天地之大，犹自安于太虚之域，况乃气气相举者也？

【释文】胜音升。

[6]【释文】中，丁仲切。

[7]【释文】块，口对切。

[8]【释文】塞，苏则切。

[9]【释文】蹋音除。跐音此。蹈，徒到切。四字皆践踏之貌。

[10]【张注】舍宜作释，此书释字作舍。

【释文】舍音释，下同。

[11]【张注】此二人一以必破为忧，一以必全为喜。此未知所以为忧喜也，而互相慰喻，使自解释，固未免于大惑也。

【卢解】天为积气，何处无气也？地为积块，何处无块也？块无所隐，气无所崩，日月是气中有光者，汝何忧于崩坠乎？

[12]【释文】"长庐子"作"长卢子"。《史记》云，楚有长卢子。《汉书》云，长卢子著书九篇，属道家流。

[13]【释文】虹蜺音红倪。

[14]【张注】夫混然未判，则天地一气，万物一形。分而为天地，散而为万物。此盖离合之殊异，形气之虚实。

[15]【释文】最，子外切。

[16]【释文】大音泰。

[17]【张注】此知有始之必终，有形之必坏，而不识休戚与阴阳升降，器质与天地显没也。

【卢解】积气积块，以成天地。有积有成，安得无坏耶？但体大难终，不可则见。若遇其坏时，不得不忧。

[18]【张注】彼一谓不坏者也，此一谓坏者也。若其不坏，则与人偕全；若其坏也，则与人偕亡。何为欣戚于其间哉？

【释文】偕音皆。

[19]【张注】生之不知死，犹死之不知生。故当其成也，莫知其毁；及其毁也，亦何知其成？此去来之见验，成败之明徵，而我皆即之，情无彼此，何处容其心乎？

【释文】见，贤遍切。处，昌据切。

【卢解】夫天地者，物之大者也；形体者，物之细者也。大者亦一物也，细者亦一物也。有物必坏，何用辩之哉？且人生不知死，死不知生，来去不自知，成坏不能了。近取诸己，且未能知，亦何须用心于天地，而忧辩于物外耶？

舜问乎烝曰：[1]"道可得而有乎？"[2]曰："汝身非汝有也，汝何得有夫道？"[3]舜曰："吾身非吾有，孰有之哉？"[4]曰："是天地之委形也。[5]生非汝有，是天地之委和也。[6]性命非汝有，是天地之委顺也。[7]孙子非汝有，是天地之委蜕也。[8]故行不知所往，处不知所持，食不知所以。[9]天地强阳，气也，又胡可得而有邪？"[10]

[1]【释文】"烝"作"丞"：丞谓辅弼疑丞之官。一本作"烝"。

[2]【张注】舜欲明群有皆同于无，故举道以为发问之端。

[3]【张注】郭象曰：夫身者非汝所能有也，块然而自有耳。有非所有，而况无哉？

【释文】夫音符。

【卢解】夫汝我者，自他形称耳，非谓神明也。俗以己身为我，前人为汝，欲有其道，安可得乎？故曰汝身非汝有，安得有夫道？

[4]【张注】据有此身，故重发问。

【释文】重，柱用切，下同。

[5]【张注】是一气之偏积者也。

[6]【张注】积和故成生耳。

[7]【张注】积顺故有存亡耳。郭象曰：若身是汝有，则美恶、死生当制之由汝。今气聚而生，汝不能禁也；气散而死，汝不能止也。明其委结而自成，非汝之有也。

[8]【张注】气自委结而蝉蜕耳。若是汝有，则男女多少亦当由汝也。

[9]【张注】皆在自尔中来，非知而为之也。

[10]【张注】天地即复委结中之最大者也。今行处食息，皆强阳气之所运动，岂识其所以然？强阳犹刚实也。非刚实理之至，反之虚和之极，则无形无生，不死不终，则性命何所委顺？子孙何所委蜕？行处何所止泊？饮食何所因假也？

【释文】复，扶又切。

【卢解】既不知神明之为道也，故假天地以言之。天主神用，地主形物。涉有者，委形也；体和者，生性也；应用者，委顺也；情育者，委蜕也。汝今行止食息，但知强阳之所运，而不知神明之真宰也，亦可得有夫道者邪？或曰：虞舜圣人也，安得不知道乎？答曰：夫假宾主辩惑，岂可玄默而已耶？然《庄子》曰："卜梁倚有圣人之才，而无圣人之道；我有圣人之道，而无圣人之才。"是知有济物之才，居君极之位者，未必能知道。处山林之下，有独善之名者，未必能理人。是故黄帝即位三十年，然后梦华胥之国；放勋见乎四子，然后窅然汾水之阳。舜之未寤，亦何足怪之？

齐之国氏大富，宋之向氏大贫。[1]自宋之齐，请其术。国氏告之曰："吾善为盗。始吾为盗也。一年而给，二年而足，三年大穰。[2]自此以往，施及州闾。"[3]向氏大喜。喻其为盗之言，而不喻其为盗之道，遂踰垣凿室，手目所及，亡不探也。[4]未及时，以赃获罪，[5]没其先居之财。[6]向氏以国氏之谬己也，往而怨之。国氏曰："若为盗若何？"向氏言其状。国氏曰："嘻！[7]若失为盗之道至此乎？今将告若矣。吾闻天有时，地有利。[8]吾盗天地之时利，[9]云雨之滂润，[10]山泽之产育，以生吾禾，殖吾稼，筑吾垣，[11]建吾舍。陆盗禽兽，水盗鱼鳖，[12]亡非盗也。夫禾稼、土木、禽兽、鱼鳖，皆天之所生，岂吾之所有？[13]然吾盗天而亡殃。[14]夫金玉珍宝，谷帛财货，人之所聚，岂天之所与？[15]若盗之而获罪，孰怨哉？"[16]向氏大惑，以为国氏之重罔己也，[17]过东郭先生问焉。[18]东郭先生曰："若一身庸非盗乎？盗阴阳之和以成若生，载若形，况外物而非盗哉？[19]诚然，天地万物不相离也，[20]仞而有之，皆惑也。[21]国氏之盗，公道也，故亡殃；若之盗，私心也，故得罪。[22]有公私者，亦盗也；[23]亡公私者，亦盗也。[24]公公私私，天地之德。[25]知天地之德者，孰为盗耶？孰为不盗耶？"[26]

[1]【释文】向音嚮。

[2]【释文】"穰"作"壤"：壤，如掌切，又作穰。

[3]【释文】施，以智切，延也。

[4]【释文】亡音无，下同。

[5]【释文】赃音臧。

[6]【释文】先，悉荐切。

[7]【释文】嘻音熙，哀痛之声。

[8]【张注】谓春秋冬夏，凡土出所有也。

[9]【释文】句绝。

[10]【释文】滂，普郎切。

[11]【释文】"殖"作"植"。筑音竹。垣音袁。植，时职切。

[12]【释文】鳖，并列切。

[13]【张注】天尚不能自生，岂能生物？人尚不能自有，岂能有物？此乃明其自生自有也。

[14]【张注】天亡其施，我公其心，何往而有怨哉？

【释文】施，尸智切。

[15]【张注】天尚不能与，岂人所能聚？此亦明其自能自聚。

[16]【张注】人有其财，我犯其私，所以致咎。

【卢解】夫天地不仁，以万物为刍狗。既无情于生育，岂有心于取与哉？小大相吞，智愚相役，因时以兴利，力制以徇私，动用取与，皆为盗也。人财则不尔，主守以自供，取之获罪，此复怨谁也。

[17]【释文】罔，文两切。

[18]【释文】过音戈，一作"遇"字。

[19]【张注】若其有盗耶？则我身即天地之一物，不得私而有之。若其无盗耶，则外内不得异也。

〔20〕【释文】离，力智切。

〔21〕【张注】夫天地，万物之都称；万物，天地之别名。虽复各私其身，理不相离。彻而有之，心之惑也。因此而言，夫天地委形，非我有也。饬爱色貌，矜伐智能，已为惑矣。至于甚者，横彻外物以为己有，乃标名氏以自异，倚亲族以自固，整章服以耀物，藉名位以动众，封殖财货，树立权党，终身欣玩，莫由自悟。故《老子》曰："吾所以有大患，为吾有身。"《庄子》曰："百骸六藏，吾谁与为亲？"领斯旨也。则方寸与太虚齐空，形骸与万物俱有也。

【释文】"太"作"大"。彻音忍。称，尺证切。复，扶又切。"吾之为""为"，于伪切。藏，才浪切。大音泰。

〔22〕【张注】公者对私之名，无私，则公名灭矣。今以犯天者为公，犯人者为私，于理未至。

【卢解】天地无私，取之无对，故无殃也。人心有私，取之有情，故为盗也。以有私之心，取有私之物，私则有对，得罪何疑？故法者，禁人之私。无对，无禁也。

〔23〕【张注】直所犯之异耳，未为非盗。

〔24〕【张注】一身不得不有，财物不得不聚，复欲遣之，非能即而无心者也。

【卢解】圣人设法教化，不害人不侵众者，皆非盗也。不违法者，则为公道；违于法者，则为私道焉。虽不违于公而封于己者，亦为盗也，况违法封己乎？

〔25〕【张注】生即天地之一理，身即天地之一物。今所爱吝，便是爱吝天地之间生身耳，事无公私，理无爱吝者也。

【释文】吝，良刃切。

〔26〕【张注】天地之德何耶？自然而已，自然而已。何所厝其公私之名？公私之名既废，盗与不盗，理无差也。

【释文】厝音措。

【卢解】知公知私而无私焉，与物同例而不怪者，是天地之德

也。若知天地之德，取而无私心者，是不欺乎天，取之不殊于众人，得
之无私，不为盗。若然者，谁为盗耶？谁为不盗耶？唯了神悟道者知之
矣。

卷 二

黄帝[1]第二

黄帝即位十有五年，喜天下戴己，[2]养正命，[3]娱耳目，供鼻口，焦然肌色皯黣，[4]昏然五情爽惑。[5]又十有五年，忧天下之不治，[6]竭聪明，进智力，[7]营百姓，焦然肌色皯黣，昏然五情爽惑。[8]黄帝乃喟然赞曰：[9]"朕之过淫矣。[10]养一己其患如此，治万物其患如此。"[11]于是放万机，舍宫寝，[12]去直侍，[13]彻钟悬，[14]减厨膳，退而间居大庭之馆，[15]斋心服形，[16]三月不亲政事。[17]昼寝而梦，[18]游于华胥氏之国。华胥氏之国在弇州之西，台州之北，[19]不知斯齐国几千万里，[20]盖非舟车足力之所及，神游而已。[21]其国无师长，[22]自然而已。其民无嗜欲，[23]自然而已。[24]不知乐生，不知恶死，故无夭殇；不知亲己，[25]不知疏物，故无爱憎；不知背逆，[26]不知向顺，故无利害。[27]都无所爱惜，都无所畏忌。入水不溺，入火不热。斫挞无伤痛，[28]指擿无痟痒。[29]乘空如履实，寝虚若处床。云雾不硋其视，[30]雷霆不乱其听，[31]美恶不滑其心，[32]山谷不踬其步，[33]神行而已。[34]黄帝既寤，[35]怡然自得，[36]召天老、力牧、太山稽，[37]告之曰："朕闲居三月，斋心服形，思有以养身治物之道，弗获其术。[38]疲而睡，[39]所梦若此。今知至道不可以情求矣。朕知之矣！朕得之矣！而不能以告若矣。"[40]又二十有八年，[41]天下大治，[42]几若华胥氏之国，[43]而帝登假。[44]

百姓号之，^[45]二百馀年不辍。^[46]

　　[1]【张注】禀生之质谓之性，得性之极谓之和。故应理处顺，则所适常通；任情背道，则遇物斯滞。

　　【卢解】此明忘形养神，从玄、默以发真智。始其养也，则遗万有而内澄心。发其智，则化含生以外接物。故其初也，则斋心服形，不亲政事；其末篇也，则赞孔墨以济人焉。此其大旨。

　　[2]【张注】随世而喜耳。

　　[3]【张注】正当为性。

　　【释文】正音性。

　　[4]【释文】"焦"作"憔"：憔音焦。肌色，一作"颜色"。玕，古旱切。黣音每。诸书无此字，《埤苍》作穤，同音每，谓禾伤雨而生黑斑点也。玕黣亦然也。

　　[5]【张注】役心智未足以养性命，只足以焦形也。

　　【卢解】举代之人咸以声色饮食养其身，唯丰厚者则为富贵矣。而圣人知此道足以伤生，故焦然不乐也。第一篇知神为生主，第二篇欲明道以养身，故先示众人之所溺，然后渐次而进之。

　　[6]【张注】随世而忧耳。

　　【释文】治，直吏切，下致治同。

　　[7]【释文】"进智"作"进治"：进音尽。

　　[8]【张注】用聪明未足以致治，只足以乱神也。

　　【卢解】代谓之君子，理人之士也。皆劳生苦己，以身徇物，以求其名，以向其利耳。而不知役神以丧实，去道斯远矣。

　　[9]【张注】赞，当作"叹"。

　　【释文】赞音叹。

　　[10]【张注】淫，当作"深"。

　　【释文】淫音深。

　　[11]【张注】惟任而不养，纵而不治，则性命自全，天下自安

也。

【卢解】淫者，失于其道也。含生之物咸知养己自私以为生，不知所生生而之死也。操仁义者咸知徇名以取利自私以为能，亦不知所以丧神伤生而知死也。徇己自私以为小人，济物无私代以为君子。善之以恶，约外则有殊；求名丧实，约内则俱失。方明大道，故双非之也。

［12］【释文】舍音捨。

［13］【释文】去，丘吕切。

［14］【释文】"悬"作"县"：县音玄。

［15］【释文】间音闲。

［16］【张注】心无欲则形自服矣。

【释文】"斋"作"齐"：齐音斋，下同。

［17］【卢解】放万机者，非谓都无所行也。事至而应，如四时焉。故曰："天何言哉？四时行焉，百物生焉。"不劳焦思以邀虚名，不想能于千载，欲垂芳于竹帛耳。但冥冥然应用，不得已而运之。不封崇其身名，不增加其嗜欲，不丰厚其滋味，不放肆于淫声。斋肃其心，退伏其体。三月者，一时也。孔子曰"颜回三月不违仁"是也。择贤才而责成，赏罚无私焉，是不亲政事也。

［18］【张注】将明至理，不可以情求，故寄之于梦。圣人无梦也。

［19］【张注】不必便有此国也，明至理之必如此耳。《淮南》云：正西曰弇州，西北曰台州。

【释文】弇音奄。

［20］【张注】斯，离也。齐，中也。

【释文】几，居岂切。

［21］【张注】舟车足力，形之所资者耳。神道恍惚，不行而至者也。

［22］【释文】"师"作"帅"：帅，所类切，或作师。长，丁丈切。帅长，首主也。

〔23〕【释文】嗜，常二切。

〔24〕【张注】自然者，不资于外也。

〔25〕【释文】己音纪。

〔26〕【释文】背音佩。

〔27〕【张注】理无生死，故无所乐恶；理无爱憎，故无所亲疏；理无逆顺，故无所利害也。

〔28〕【释文】斫音酌。挞，打也。

〔29〕【张注】至和者无物能伤。热溺痛痒，实由矜惧，义例详于下章。瘠痒，酸瘠也。义见《周官》。

【释文】摘音偶，搔也。瘠音消。痒，馀两切。瘠痒谓疼痒也。《周礼》：春时有瘠首疾，夏时有痒疥疾。郑玄云：瘠，酸削也。《说文》云：酸，疼痛也。见，贤遍切。

〔30〕【释文】硋，五盖切。

〔31〕【释文】霆音廷。

〔32〕【释文】滑音骨。

〔33〕【释文】踬音致。

〔34〕【张注】至顺者无物能逆也。

【卢解】寄言也。斋心服形，神与道合，则至其大国矣。夫神者，生之主也。既为生主，则役神以养生，养之失理，却成于损。俗以益嗜欲者为养生，适为丧年之本矣。故君子养于性，小人养于情。养性者，无嗜欲，保自然，不乐生，不恶死，无向背憎爱，无畏忌自然。神行者，神合于道也。非是别有一国、别类之人耳。故曰，仁道不远，行之则至。一言契者，交臂相得焉。

〔35〕【张注】亦寄之眠寤耳，圣人无眠觉也。

〔36〕【释文】怡，与之切。

〔37〕【张注】三人，黄帝相也。

【释文】"太"作"大"：大音泰。稽音鸡。《汉书》云：大山稽，黄帝师也。相，息亮切。

［38］【张注】身不可养，物不可治，而精思求之未可得。

［39］【释文】句绝。

［40］【张注】不可以情求，则不能以情告矣。

［41］【释文】一本作"三十有八年"。

［42］【释文】治，直吏切。

［43］【释文】几音祈。

［44］【张注】假当为遐。

【释文】假音遐。

［45］【释文】号，户刀切。

［46］【卢解】既窜于道也，自不因外物以得之。疲而睡者，冥于理，去嗜欲也。识神归性，不可以情求也。不能以告若者，心澄忘言也。凡以数理天下者，但成其空名。数极则迹见，虚而不能实也。上以虚名责于下，下以虚名应于上，上下相蒙，积虚以为理，欲求纯素，其可得乎？夫道者，神契理合，应物以真。非偏善于小能，不暴怒于小过，如春之布，万物皆生。俗易风移，自然而化。不知所以化，不觉所以成，故百姓思之不知其极也。

列姑射山在海河洲中，^{［1］}山上有神人焉，^{［2］}吸风饮露，^{［3］}不食五谷，^{［4］}心如渊泉，^{［5］}形如处女，^{［6］}不偎不爱，^{［7］}仙圣为之臣；^{［8］}不畏不怒，愿悫为之使；^{［9］}不施不惠，而物自足；不聚不敛，而已无愆。^{［10］}阴阳常调，日月常明，四时常若，^{［11］}风雨常均，^{［12］}字育常时，年谷常丰，而土无札伤，人无夭恶，物无疵厉，鬼无灵响焉。^{［13］}

［1］【张注】见《山海经》。

【释文】射音夜。《山海经》曰：姑射国在海中，西南环之。从国南水行百里，曰姑射之山。又西南行三百八十里，曰姑射山。郭云：河

［38］【张注】身不可养，物不可治，而精思求之未可得。

［39］【释文】句绝。

［40］【张注】不可以情求，则不能以情告矣。

［41］【释文】一本作"三十有八年"。

［42］【释文】治，直吏切。

［43］【释文】几音祈。

［44］【张注】假当为遐。

【释文】假音遐。

［45］【释文】号，户刀切。

［46］【卢解】既窜于道也，自不因外物以得之。疲而睡者，冥于理，去嗜欲也。识神归性，不可以情求也。不能以告若者，心澄忘言也。凡以数理天下者，但成其空名。数极则迹见，虚而不能实也。上以虚名责于下，下以虚名应于上，上下相蒙，积虚以为理，欲求纯素，其可得乎？夫道者，神契理合，应物以真。非偏善于小能，不暴怒于小过，如春之布，万物皆生。俗易风移，自然而化。不知所以化，不觉所以成，故百姓思之不知其极也。

列姑射山在海河洲中，[1]山上有神人焉，[2]吸风饮露，[3]不食五谷，[4]心如渊泉，[5]形如处女，[6]不偎不爱，[7]仙圣为之臣；[8]不畏不怒，愿悫为之使；[9]不施不惠，而物自足；不聚不敛，而已无愆。[10]阴阳常调，日月常明，四时常若，[11]风雨常均，[12]字育常时，年谷常丰，而土无札伤，人无夭恶，物无疵厉，鬼无灵响焉。[13]

［1］【张注】见《山海经》。

【释文】射音夜。《山海经》曰：姑射国在海中，西南环之。从国南水行百里，曰姑射之山。又西南行三百八十里，曰姑射山。郭云：河

水所经海上也。言遥望诸姑射山行列在海、河之间也。按《西域传》，黄河东注蒲昌海，潜行地下，入中国。蒲昌海一名盐泽，在交河郡。见，贤遍切。

〔2〕【张注】凝寂故称神人。

【释文】此章与《山海经》略同。

〔3〕【释文】吸，许及切。

〔4〕【张注】既不食谷矣，岂复须吸风饮露哉？盖吐纳之貌，不异于物耳。

【释文】复，扶又切。

〔5〕【释文】渊字读为深字。

〔6〕【张注】尽柔虚之极者，其天姿自粹，非养而不衰也。

【释文】粹音邃。

〔7〕【张注】偎亦爱也。刍狗万物，恩无所偏。偎音隐偎。

【释文】偎，乌恢切，爱也。不偎不爱，谓或隐或见。《山海经》曰：北海之隅，其人水居偎爱。隐偎也。《字林》云：偎，仿佛见不审也。

〔8〕【张注】仙，寿考之迹；圣，治世之名。

〔9〕【张注】畏，威也。若此岂有君臣役使之哉？尊卑长短，各当其分，因此而寄称耳。

【释文】愿音愿。恚，口角切。

〔10〕【张注】愆，蹇乏也。

【释文】愆本又作鶱，去言切。

〔11〕【张注】若，顺也。

〔12〕【释文】"均"作"钧"：钧音均。

〔13〕【张注】天人合德，阴阳顺序，昏明有度，灾害不生，故道合二仪，契均四时。《老子》曰："以道涖天下者，其鬼不神。"

【卢解】此言神之合道也，故假以方外之中，托以神人之目。不因五谷以为养，吐纳真气以为全。心如澄水，无波浪之能鼓；形如处女，无思虑之所营。喜怒不入其襟，是非不干其用。无求无欲，同天地之不仁；不惠不施，正阴阳之生育。万物所不能挠，鬼神所不能灵。证之真，其功若此也。

【释文】"响"作"向"：札，侧八切。郑众注《周礼》云：越人名死为札。《左传》曰：人不夭札。疧，才移切，病也。厉音例。郑众注《周礼》云：厉，风气不和之疾也。向音响。

列子师老商氏，友伯高子，进二子之道，[1]乘风而归。[2]尹生闻之，从列子居，数月不省舍。[3]因间请蕲其术者，[4]十反而十不告。尹生怼而请辞，[5]列子又不命。[6]尹生退。数月，意不已，又往从之。列子曰："汝何去来之频？"[7]尹生曰："曩章戴有请于子，[8]子不我告，固有憾于子。[9]今复脱然，[10]是以又来。"列子曰："曩吾以汝为达，[11]今汝之鄙至此乎？[12]姬！将告汝[13]所学于夫子者矣。[14]自吾之事夫子友若人也，[15]三年之后，心不敢念是非，口不敢言利害，始得夫子一眄而已。[16]五年之后，心庚念是非，口庚言利害，[17]夫子始一解颜而笑。[18]七年之后，从心之所念，庚无是非，[19]从口之所言，庚无利害，夫子始一引吾并席而坐。[20]九年之后，横心之所念，[21]横口之所言，亦不知我之是非利害欤，亦不知彼之是非利害欤，亦不知夫子之为我师，若人之为我友，内外进矣。[22]而后眼如耳，耳如鼻，鼻如口，无不同也。[23]心凝形释，骨肉都融，不觉形之所倚，[24]足之所履，随风东西，犹木叶干壳。[25]竟不知风乘我邪？我乘风乎？[26]今女居先生之门，曾未浃时，[27]而怼憾者再三。女之片体将气所不受，汝之一节将地所不载。[28]履虚乘风，其可几乎？"[29]尹生甚怍，[30]屏息良久，[31]不敢

复言。^[32]

〔1〕【释文】进音尽，下同。

〔2〕【张注】《庄子》云：列子御风而行，泠然善，旬五日而后反。盖神人，御寇称之也。

【释文】泠音零。称，尺证切。

【卢解】夫神之滞于有，则百骸俱硋；神之契乎真，则五根俱通也。有通则无远不鉴，无硋则乘风而行。被羽服以往来，托鳞毛以腾跃者，故为常理也，非谓其尚奇也，而此寓言者也。

〔3〕【释文】数，色主切，下同。省，息井切。

〔4〕【释文】间音闲。薪音祈。

〔5〕【释文】怼音坠，怨也。

〔6〕【释文】"又不命"作"又不与命"：一本无"与"字。

〔7〕【释文】"汝"作"女"：女音汝。

〔8〕【张注】章戴，尹生名。

【释文】"戴"作"载"：曩，乃朗切。章载字载则，一本作"章戴"。

〔9〕【释文】憾，胡绀切。

〔10〕【释文】脱，土活切。

〔11〕【张注】曩，昔也。

〔12〕【释文】乎本又作于。

〔13〕【张注】姬，居也。

【释文】姬音居。

【卢解】昔汝去也，吾将谓汝达吾道，今汝之怼憾而来，知汝之鄙陋矣。

〔14〕【释文】"汝"作"女"：女音汝。

〔15〕【张注】夫子谓老商，若人谓伯高。

〔16〕【张注】实怀利害而不敢言，此匿怨藏情者也，故昉之而

已。

【释文】眄音麫，斜眄。

【卢解】专一而不离，恭敬以至，求顾吾之形，观吾之行者也。

［17］【张注】庚，当作"更"。

【释文】庚音更，居行切，益也，下同。

［18］【张注】是非利害，世间之常理，任心之所念，任口之所言，而无矜吝于胸怀，内外如一，不犹蹢于匿而不显哉？欣其一致，聊寄笑焉。

【释文】匿，一本作"已"。

【卢解】三年之后，专于定也，顾眄而已。五年之后，越于专，其哂明矣。

［19］【释文】从音纵，下同。

［20］【张注】夫心者何？寂然而无意想也；口者何？默然而自吐纳也。若顺心之极，则无是非；任口之理，则无利害。道契师友，同位比肩，故其宜耳。

【释文】契，苦计切。

【卢解】审之而后言，欲是非利害无所误也。

［21］【释文】横去声，下同。纵放也。

［22］【张注】心既无念，口既无违，故能恣其所念，纵其所言。体道穷宗，为世津梁。终日念而非我念，终日言而非我言。若以无念为念，无言为言，未造于极也。所谓无为而无不为者如斯，则彼此之异，于何而求？师资之义，将何所施？故曰内外尽矣。

【释文】造，七到切。

【卢解】都无心，故是非利害不择之而后言，纵横者也。纵心而言，皆合斯道。

［23］【卢解】眼、耳、口、鼻不用其所能，各任之而无心，故云无不同也。

［24］【释文】倚，於绮切。

［25］【释文】干音乾。壳，口角切。

［26］【张注】夫眼、耳、鼻、口，各有攸司。令神凝形废，无待于外，则视听不资眼、耳，臭味不赖鼻、口，故六藏七孔，四肢百节，块然尸居，同为一物，则形奚所倚？足奚所履？我之乘风，风之乘我，孰能辨也？

【卢解】神凝者，不动也；形释者，无碍也；骨肉都融者，忘形骸也。形骸忘于所之，神念离于所著，则与风气同之上下也。

［27］【释文】曾音层。浃，子协切。

［28］【张注】用其情，有其身，则肌骨不能相容，一体将无所寄，岂二仪之所能覆载？

［29］【释文】几音冀。

［30］【释文】怍音昨。

［31］【释文】屏息，屏气似不息也。

［32］【释文】复，扶又切。

【卢解】列子所以乘风者，为能忘其身也。《老子》曰："吾所以有大患者，为吾有身。及吾无身，吾有何患也？"若其形骸之不忘，则一节之重，将地所不能载，何暇乘风而凌虚哉？

列子问关尹曰：[1]"至人潜行不空，[2]蹈火不热，行乎万物之上而不慄。[3]请问何以至于此？"关尹曰："是纯气之守也，非智巧果敢之列。[4]姬！[5]鱼语女。[6]凡有貌像声色者，皆物也。[7]物与物何以相远也？[8]夫奚足以至乎先？是色而已。[9]则物之造乎不形，而止乎无所化。[10]夫得是而穷之者，焉得而正焉？[11]彼将处乎不深之度，[12]而藏乎无端之纪，[13]游乎万物之所终始。[14]壹其性，养其气，[15]含其德，以通乎物之所造。[16]夫若是者，其天守全，其神无郤，[17]物奚自入焉？[18]夫醉者之坠于车也，[19]虽疾不死。骨节与人同，而犯害与人异，其神全也。乘亦弗知也，坠亦弗知也。[20]死生惊惧不入乎其胸，是故遻物而不慴。[21]彼得全于酒而犹若是，[22]而况得全于天乎？[23]圣人藏于天，故物莫之能伤也。[24]

[1]【释文】关尹，关令尹喜，字公度，著书九篇。

[2]【张注】不空者，实有也。至人动止不以实有为阂者也。郭象曰：其心虚，故能御群实也。

【释文】潜或作渐，亦音潜。空，一本作"窒"，塞也。阂音碍。

[3]【张注】向秀曰：天下乐推而不厌，非吾之自高，故不慄者也。

【释文】慄音栗。

[4]【张注】至纯至真，即我之性分，非求之于外。慎而不失，则物所不能害，岂智计勇敢而得冒涉艰危哉？

【释文】列音例。

【卢解】言至人潜行积德，非本空虚者也，何如能蹈火不热，登高不慄乎？以明纯气出乎性，守神以合道，则能至于此，故曰至人也，岂智巧果敢所能得耶？

[5]【释文】姬音居。

[6]【张注】鱼，当作"吾"。

【释文】鱼音吾。语，鱼据切。女音汝。

[7]【张注】上至圣人，下及昆虫，皆形声之物。以形声相观，则无殊绝者也。

[8]【张注】向秀曰：唯无心者独远耳。

【释文】远，于万切。

[9]【张注】向秀曰：同是形色之物耳，未足以相先也。以相先者，唯自然也。

【卢解】凡有形者皆物也。物皆是色，亦何后何先耶？而自贵贱物者，情惑之甚也。会忘形守神习静以生慧者，然后能通神明者也。

〔10〕【张注】有既无始，则所造者无形矣；形既无终，则所止者无化矣。造音作。

【释文】造音作，臧祚切，注同。

〔11〕【张注】寻形声欲穷其终始者，亦焉得至极之所乎？

【释文】焉，於虔切。

【卢解】忘形守神，造乎不形也。宝真合道者，止乎无所化也。若得此道而穷理尽性者，何得不为正乎？

〔12〕【张注】即形色而不求其终始者，不失自然之正矣。深，当作"淫"。

【释文】深音淫。

〔13〕【张注】至理岂有隐藏哉？任而不执，故冥然无迹，端崖不见。

【释文】见，贤遍切。

〔14〕【张注】乘理而无心者，则常与万物并游，岂得无终始之迹者乎？

【卢解】至人者，言无失德也，故不淫其度矣；行无失迹也，故藏乎无端矣；常归其本也，故游万物之终始矣。

〔15〕【释文】养其气，一本作"真其气"。

〔16〕【张注】气壹德纯者，岂但自通而已哉？物之所至，皆使无阂，然后通济群生焉。造音操。

【释文】造，七到切，至也。

【卢解】性不杂乱，唯真与天地合其德而通于万物之性命。

〔17〕【释文】郤音绤，闲也。

〔18〕【张注】自然之分不亏，则形神全一，忧患奚由而入也？

【卢解】宝道则性全，去情则无郤无朕无迹也，外物何从而入焉？

〔19〕【释文】"坠"作"队"：队音坠。

［20］【张注】此借粗以明至理之必然也。

【释文】乘，食陵切。

［21］【张注】向秀曰：遇而不恐也。

【释文】遌音忤，遇也。一本作"遟"，心不欲见而见曰遟，于义颇迂。《庄子》亦作遌。慴，之涉切。

［22］【张注】向秀曰：醉故失其所知耳，非自然无心也。

［23］【张注】向秀曰：得全于天者，自然无心，委顺至理也。

［24］【张注】郭象曰：不窥性分之外，故曰藏也。

【释文】窥，去随切。

【卢解】夫醉人者，神非合于道也，但为酒所全者，忧惧不入于天府，死生不伤其形神。若得全于神者，故物不能伤也。

列御寇为伯昏无人射，[1]引之盈贯，[2]措杯水其肘上，[3]发之，镝矢复沓，[4]方矢复寓。[5]当是时也，犹象人也。[6]伯昏无人曰："是射之射，[7]非不射之射也。[8]当与汝登高山，履危石，临百仞之渊，若能射乎？"[9]于是无人遂登高山，履危石，临百仞之渊，背逡巡，足二分垂在外，[10]揖御寇而进之。御寇伏地，汗流至踵。[11]伯昏无人曰："夫至人者，上窥青天，下潜黄泉，挥斥八极，[12]神气不变。[13]今汝怵然有恂目之志，[14]尔于中也殆矣夫！"[15]

［1］【释文】"無"作"无"：为，于伪切。无，莫侯切，下并同。

［2］【张注】尽弦穷镝。

【释文】镝音的。

［3］【张注】手停审故，杯水不倾。

【释文】杯，必回切。肘，竹九切。

〔4〕【张注】郭象曰：矢去也。箭镝去复往沓。

【释文】"镝"作"摘"。摘音的，本作"镝"。复，扶又切。沓音踏。

〔5〕【张注】郭象曰：箭方去，未至的，以复寄杯于肘，言敏捷之妙也。

【释文】寓音遇。捷，疾葉切。

〔6〕【释文】木偶人形曰象人。

【卢解】引满而置水于其肘上，发一箭复沓一箭，犹如泥木象人也。志审神定，形不动，以致于此也。

〔7〕【张注】虽尽射之理，而不能不以矜物也。

〔8〕【张注】忘其能否，虽不射而同乎射也。

〔9〕【张注】内有所畏惧，则失其射矣。

【卢解】恃其能而安其形，审其当耳，非谓忘形遗物而以神运者也。

〔10〕【释文】逡，七旬切。二分垂谓足二分悬垂在外。

〔11〕【释文】踵音肿。

【卢解】登高履危而惧若此者，忧其身，惜其生也。曾不知有其形者，适足以伤其生；忘其形者，适所以成其生。御寇但善于射者，非合于道也。若忘形全神无累于天下者，乃不射之射也。

〔12〕【释文】斥音尺。郭象云：挥斥犹放纵也。又曰：挥斥，奋迅也。

〔13〕【张注】郭象云：挥斥犹纵放也。夫德充于内，则神满于外，无远近幽深，所在皆明，故审安危之机而泊然自得也。

〔14〕【释文】怵，丑律切。恂音荀。何承天《纂要》云：吴人呼瞬目为恂目。

〔15〕【张注】郭象曰：不能明至分，故有惧而所丧者多矣，岂唯射乎？

【释文】中，丁仲切。殆矣夫，一本作"始矣夫"。

【卢解】夫至道之人自得于天地之间，神气独主，忧乐不能入也。今汝尚恐惧之若此，岂近乎道者耶？汝于是终始初习耳，未能得其妙也。

范氏有子曰子华，善养私名，[1]举国服之。有宠于晋君，不仕而居三卿之右。目所偏视，晋国爵之；口所偏肥，[2]晋国黜之。[3]游其庭者侔于朝。[4]子华使其侠客以智鄙相攻，强弱相凌。[5]虽伤破于前，不用介意。[6]终日夜以此为戏乐，国殆成俗。[7]禾生、子伯，范氏之上客，出行，经坰外，[8]宿于田更商丘开之舍。[9]中夜，禾生、子伯二人相与言子华之名势，能使存者亡，亡者存；富者贫，贫者富。[10]商丘开先窭于饥寒，[11]潜于牖北听之。因假粮荷畚之子华之门。[12]子华之门徒皆世族也，缟衣乘轩，缓步阔视。[13]顾见商丘开年老力弱，面目黎黑，衣冠不检，莫不眮之。[14]既而狎侮欺诒，[15]攩㧟挨抌，[16]亡所不为。[17]商丘开常无愠容，[18]而诸客之技单，[19]惫于戏笑。[20]遂与商丘开俱乘高台，[21]于众中漫言曰：[22]"有能自投下者赏百金。"[23]众皆竞应。[24]商丘开以为信然，遂先投下，形若飞鸟，扬于地，[25]骪骨无碻。[26]范氏之党以为偶然，未讵怪也。[27]因复指河曲之淫隈曰：[28]"彼中有宝珠，泳可得也。"[29]商丘开复从而泳之。[30]既出，果得珠焉。众昉同疑。[31]子华昉令豫肉食衣帛之次。俄而范氏之藏大火。子华曰："若能入火取锦者，从所得多少赏若。"商丘开往无难色，[32]入火往还，埃不漫，[33]身不焦。范氏之党以为有道，乃共谢之曰："吾不知子之有道而诞子，[34]吾不知子之神人而辱子。子其愚我也，子其聋我也，子其盲我也。敢问其道。"[35]商丘开曰："吾亡道。[36]虽吾之心，亦不知所以。虽然，有一于此，试与子言之。曩子二客之宿吾舍也，闻誉范氏之势，[37]能使存者亡，亡者存；富者贫，贫者富。吾诚之无二心，故不远而来。及来，以子党之言皆实也，唯恐诚之之不至，行之之不及，[38]不知形体之所措，利害之所存也。心一而已。物亡迕者，如斯而已。今昉知子党之诞我，我内藏猜虑，外矜观听，追幸昔日之不焦溺也，怛然内热，惕然震悸矣。[39]水火岂复可近哉？"[40]自此之后，范氏门徒路遇乞儿马医，弗敢辱也，必下车而揖之。宰我闻之，以告仲尼。仲尼曰："汝弗知乎？夫至信之人，可以感物也。动天地，感鬼神，横六合，而无逆者，岂但履危险，入水火而已哉？[41]商丘开信伪物犹不逆，况彼我皆诚哉？小子识之！"[42]

[1]【张注】游侠之徒也。

[2]【张注】音鄙。

[3]【张注】肥，薄也。

【释文】肥，皮美切。按《说文》、《字林》并做膹，又作圮，皆毁也。字从其省。

[4]【释文】侔音谋，齐也。朝音潮。

[5]【释文】相凌，一本作"相击"。

[6]【释文】介音界，副也，称也。

[7]【卢解】偏视者，顾眄之深也；偏肥者，毁谤之厚也。士因其谈以为荣辱，故游其门者比于晋朝。而子华使令门客恣其言辩，无所回避，人相毁辱，殆成风俗。

[8]【张注】坰，郊野之外也。

【释文】坰，古萤切。

[9]【张注】更，当作"叟"。

【释文】"更"作"叟"：叟，西口切。

［10］【卢解】存者亡，毁之也；亡者存，誉之也。富者贫，夺之也；贫者富，施之也。而商丘开下里不达，将谓圣力所成之也。

［11］【释文】先，悉荐切。窘，奇陨切，困也。

［12］【释文】荷，胡可切。畚音本，黄笼也。

［13］【释文】阔，苦括切，远也，广也。

［14］【张注】眠音奴革。

【释文】眠，奴革切。《方言》：扬越之间，凡人相轻侮以为无知谓眠。眠，耳目不相信也。

［15］【释文】诒音待。《方言》：相欺。本作"绐"。

［16］【张注】攩音晃。批音扶闭。挨音乌待。扰音都感切。

【释文】攩，胡广切。《方言》：今江东人亦名推为攩。又音晃，搥打也。批，蒲结切。《方言》：凡相推搏曰批。又扶毕切，推击也。挨，乌骇切，推也。扰，丁感切。《方言》：击背也。一本作"抗"，违拒也。

［17］【释文】亡音无。

［18］【释文】愠，於问切。

［19］【释文】技，渠绮切。单音丹，尽也。

［20］【释文】惫，蒲界切，疲也。

【卢解】抚弄轻忽之极者也。狎侮者，轻近之也；欺诒者，狂妄之也；攩者，触拨之也；批者，拗捩之也；挨者，耻辱之也。扰者，违拒之也。

［21］【释文】"俱乘"作"俱升"：俱升，一本作"俱乘"。乘，登也。

［22］【释文】漫，莫汗切，散也。

［23］【释文】"赏"作"偿"：偿音赏。

［24］【卢解】以愚侮之，众故伪争应命耳。

［25］【释文】飞鸟，一本作"飞凫"。扬，馀亮切，犹飏物从风

也。

[26]【释文】"骫"作"骪"：骪音肌。按骪是古"委"字。《说文》云：骨曲直也，于义颇迂。碨音毁。

[27]【释文】"讵"作"巨"：偶，五口切。巨，大也。一本作"讵"。

[28]【释文】复，扶又切。淫音深。隈，乌恢切，水曲也，一本作"隅"。

[29]【释文】泳音咏，潜行水中也。

[30]【张注】水底潜行曰泳。

【释文】底，都礼切。

[31]【张注】昉，始也。

【释文】昉，分两切，或作放。

[32]【释文】难，乃汗切。

[33]【释文】为句。埃，一本作"焕"。

[34]【张注】诞，欺也。

[35]【卢解】从台而下若飞焉，入水取珠若陆焉，入火往来无所伤焉，子华门人咸以为神而有道。此见欺怒而不愠者，必以我等聋盲之辈。敢问其道。

[36]【释文】亡音无。

[37]【释文】誉音馀。

[38]【释文】"唯恐诚之之不至，行之之不及"作"唯恐诚之之不至，至之之不行，行之之不及"：一本无"至之之不行"一句。

[39]【释文】怛，丁达切，惊也。

[40]【释文】近，去声。

【卢解】《老子》曰"大智若愚"者，似之而非也。但一志无他虑，能顿忘其形骸者，则死生忧惧不能入，况泯然与道合，宝神以会真，智周于宇宙，功备群有者，复何得一二论之耶？及是非生于心，则水火不可近之也。

［41］【释文】险音崄。

［42］【卢解】乞儿马医皆下人也，遇之不敢轻。夫子言其至信之感理尽矣。

【释文】识音志。

　　周宣王之牧正有役人梁鸯者，[1]能养野禽兽，委食于园庭之内，[2]虽虎狼鵰鹗之类，无不柔驯者。[3]雄雌在前，孳尾成群，[4]异类杂居，不相搏噬也。[5]王虑其术终于其身，令毛丘园传之。[6]梁鸯曰："鸯，贱役也，何术以告尔？惧王之谓隐于尔也，且一言我养虎之法。凡顺之则喜，逆之则怒，此有血气者之性也。然喜怒岂妄发哉？皆逆之所犯也。夫食虎者，不敢以生物与之，为其杀之之怒也；[7]不敢以全物与之，为其碎之之怒也。[8]时其饥饱，达其怒心。[9]虎之与人异类，而媚养己者，顺也。[10]故其杀之，逆也。[11]然则吾岂敢逆之使怒哉？亦不顺之使喜也。夫喜之复也必怒，怒之复也常喜，皆不中也。[12]今吾心无逆顺者也，则鸟兽之视吾，犹其侪也。[13]故游吾园者，不思高林旷泽；[14]寝吾庭者，不愿深山幽谷，理使然也。"[15]

　　［1］【释文】宣王名靖，厉王子也。牧正，养禽兽之官也。鸯音央。

　　［2］【释文】委，於伪切。食音嗣，下食虎同。

　　［3］【释文】鵰鹗音雕锷。驯，松伦切，顺也。一本无驯字。

　　［4］【释文】孳音兹，又音字。孳尾，牝牡相生也。乳化曰孳，交接曰尾。

　　［5］【释文】搏噬音博逝。

　　[6]【释文】"传之"作"传受之"：毛丘园，姓毛，名丘园也。一本作"圃"，鱼吕切。一本无"受"字。

　　[7]【张注】恐因杀以致怒。

　　【释文】为，于伪切，下同。

　　[8]【张注】恐因其用力致怒。

　　【释文】碎之，一本作"决之"。

　　[9]【张注】向秀曰：达其心之所以怒而顺之也。

　　[10]【张注】殊性而爱媚我，顺之故也。

　　[11]【张注】所以害物，逆其心故。

　　[12]【张注】不处中和，势极则反，必然之数。

　　[13]【释文】侪，助皆切。

　　[14]【释文】"旷泽"作"广泽"：广本又作旷。

　　[15]【张注】圣人所以陶运群生，使各得其性，亦犹役人之能将养禽兽，使不相残害也。

　　【卢解】夫形质各有殊，神气则不异也。故《庄子》云：视其异也，则肝胆楚越；视其同也，则万物一体矣。至人以神会之也，入鸟不乱行，入兽不乱群者，逆顺同志而不迕，故猛兽可养，海鸥可狎也。夫禽兽之入深山幽谷者，欲全其身，远人害也。苟无其虞，则园庭之与山林，夫何异哉？

　　颜回问乎仲尼曰："吾尝济乎觞深之渊矣，津人操舟若神。[1]吾问焉，曰：'操舟可学邪？'曰：'可，能游者可教也，[2]善游者数能。[3]乃若夫没人，则未尝见舟而谡操之者也。'[4]吾问焉，而不告。敢问何谓也？"[5]仲尼曰："譆！[6]吾与若玩其文也久矣，[7]而未达其实，而固且道与。[8]能游者可教也，轻水也。善游者之数能也，忘水也。[9]乃若夫没人之未尝见舟也而谡操之也，彼视渊若陵，视舟之覆犹其车却也。覆却万物方陈乎前而不得入其舍。[10]恶往而不暇？[11]以瓦抠者巧，[12]以钩抠者惮，[13]以黄金抠者惛。[14]巧一也，而有所矜，则重外也。凡重外者拙内。"[15]

[1]【释文】操，七刀切，下同。

[2]【释文】浮水曰游。

[3]【张注】向秀曰：其数自能也，言其道数必能不惧舟也。

【释文】"不惧舟"作"櫂舟"。数，色据切，术也，注同。櫂，直孝切，一本作"惧"，恐字误。

[4]【张注】谡，起也。向秀曰：能鹜没之人也。

【释文】谡，所六切，《庄子》作"便"。鹜音木，鸭也。一本作"矜"，字误。

[5]【卢解】善操舟者，能学之也；善游浮者，串习之也。至乎没人未尝见舟而得者，斯乃神会，彼不能达。

[6]【释文】譩音衣，与懿同，叹声也。

[7]【释文】玩，五贯切，习也。

[8]【张注】见操舟之可学，则是玩其文。未悟没者之自能，则是未至其实。今且为汝说之也。

【释文】与音余。为，于伪切。

[9]【张注】忘水则无矜畏之心。

[10]【张注】神明所居，故谓之舍。

[11]【张注】所遇皆闲暇也。

【释文】恶音乌。间音闲。

[12]【释文】抠，探也，以手藏物探而取之曰抠，亦曰藏彄。《风土记》云：腊日饮祭之后，叟妪儿童为藏彄之戏。《辛氏三秦记》：汉钩弋夫人手拳，时人效之，因名为藏钩也。彄，口侯切，《庄子》作抠。

　　[13]【释文】钩，银铜为之。惮，待汗切。

　　[14]【张注】互有所投曰抠。郭象曰：所要愈重，则其心愈矜也。

　　【释文】"惛"作"殙"：殙音昏。《方言》曰：迷，殙也。要，於遥切。愈音庾，益也。

　　[15]【张注】唯忘内外，遗轻重，则无巧拙矣。

　　【释文】"拙"作"拱"：拱，本作"拙"。

　　【卢解】见操舟者可学者，玩其文也。若会其真者，彼则视水如陵，覆溺不入其灵府矣，何往而不闲暇哉？以瓦投物者，但见其巧中而不惮于失瓦也。若以钩投物，则不专于巧中，更恐失钩之拙也。若以黄金为投者，不敢祈中，惟惧失金之损矣。是知向时之妙忘于外物，今时之惧惜于外物也。代人知矜外之两失，而贪物以丧其生。

　　孔子观于吕梁，[1]悬水三十仞，流沫三十里，鼋鼍鱼鳖之所不能游也，见一丈夫游之。以为有苦而欲死者也，使弟子并流而承之。[2]数百步而出，被发行歌，而游于棠行。[3]孔子从而问之，曰："吕梁悬水三十仞，流沫三十里，鼋鼍鱼鳖所不能游，向吾见子道之。[4]以为有苦而欲死者，使弟子并流将承子。[5]子出而被发行歌，吾以子为鬼也。察子，则人也。请问蹈水有道乎？"曰："亡，[6]吾无道。吾始乎故，长乎性，成乎命，与齌俱入，与汩偕出。[7]从水之道而不为私焉，此吾所以道之也。"孔子曰："何谓始乎故，长乎性，成乎命也？"曰："吾生于陵而安于陵，故也；[8]长于水而安于水，性也；[9]不知吾所以然而然，命也。"[10]

　　[1]【释文】吕梁在今彭城郡。《尔雅》曰：石绝水曰梁。

［2］【释文】并音傍。《史记》、《汉书》傍海、傍河皆作并。承音拯，《方言》：出溺为承。诸家并作拯，又作撜。

［3］【张注】棠，当作"塘"。行，当作"下"。

【释文】棠音塘，下同。

［4］【张注】道当为蹈。

【释文】道音导，下道之同。郭璞注《穆天子传》云：道，从也。

［5］【释文】承音拯。

［6］【释文】亡音无，本无此亡字。

［7］【张注】齎汩者，水回入涌出之貌。

【释文】"齎"作"齐"：司马云：齐，洄水如磨齐也。汩，古忽切，涌波也。郭象云：洄伏而涌出者汩也。

［8］【张注】故犹素也。任其真素，则所遇而安也。

［9］【张注】顺性之理，则物莫之逆也。

［10］【张注】自然之理不可以智知，知其不可知，谓之命也。

【卢解】夫生于陵而安于陵，生于水而安于水，习以为常，故曰始乎故也，长乎性也。习其故，安其性，忽然神会，以成其命，得之不自知也。故《易》曰："穷理尽性以至于命"。命者，契乎神道也。

　　仲尼适楚，出于林中，见痀偻者承蜩，[1]犹掇之也。[2]仲尼曰："子巧乎！有道邪？"曰："我有道也。五六月，累垸二而不坠，则失者锱铢；[3]累三而不坠，则失者十一；累五而不坠，犹掇之也。[4]吾处也，[5]若橛株驹，[6]吾执臂若槁木之枝。[7]虽天地之大、万物之多，而唯蜩翼之知。吾不反不侧，不以万物易蜩之翼，何为而不得？"[8]孔子顾谓弟子曰："用志不分，乃疑于神。[9]其痀偻丈人之谓乎！"[10]丈人曰："汝逢衣徒也。[11]亦何知问是乎？修汝所以，而后载言其上。"[12]

〔1〕【释文】"承蜩"作"承鼂"：痀，於禹切。偻音缕。痀偻，背曲疾也。鼂音條，一本作"蜩"，蝉也。

〔2〕【释文】掇，都括切，拾取也。

〔3〕【张注】向秀曰：累二丸而不坠，是用手之停审也，故承蜩所失者不过锱铢之间耳。

【释文】"累"作"絫"：絫，古"累"字。垸音丸。司马云：谓累丸于竿头也。锱铢音淄殊。蜩音调。

〔4〕【张注】用手转审，则无所失者也。

〔5〕【释文】"吾处也"作"吾处身也"：一本无身字。

〔6〕【张注】崔譔曰：橜株驹，断树也。

【释文】"橜株驹"作"橛株驹"：橛本或作橜，同其月切。《说文》作橜，木本也。李颐云：橜，竖也。株驹亦枯树本也。驹音俱。崔譔，譔音佺，清河人也，晋议郎，注《南华真经》内外二十七篇。

〔7〕【释文】槁，空好切。

〔8〕【张注】郭象曰：遗彼故得此也。

【卢解】言初学累丸也，未尝得之。习经半载而能累二不坠矣，习之不已，乃至累五而不坠者何耶？我身如橜株，臂如枯木，心一志定，都无异思。虽万物之多，而知在蜩翼，何为而有不得耶？

〔9〕【张注】分犹散。意专则与神相似者也。

〔10〕【卢解】专心不杂，乃凝于神会也。夫子以其未忘于蜩翼，故凝于神，非谓神会者也。

〔11〕【释文】"汝"作"女"：女音汝。《礼记·儒行篇》曰：丘少居鲁，衣逢掖之衣。长居宋，冠章甫之冠。郑玄注云：逢犹大也，谓大掖之衣。向秀曰：儒服宽而长大者。

〔12〕【张注】修，治也。言治汝所用仁义之术，反于自然之道，然后可载此言于身上也。

【卢解】言夫子之徒皆缝掖之士，用仁义以教化于天下，使天下纷然尚名利，役智虑，而荡失其真，劳其神明者，何知问此道耶？汝垂文字于后代者，复欲以言智之辩，将吾此道载之于文字然。

　　海上之人有好沤鸟者，[1]每旦之海上，从沤鸟游，沤鸟之至者百住而不止。[2]其父曰："吾闻沤鸟皆从汝游，汝取来，吾玩之。"[3]明日之海上，沤鸟舞而不下也。[4]故曰，至言去言，[5]至为无为。齐智之所知，则浅矣。[6]

　　[1]【释文】好，呼报切。沤音鸥。沤鸟，水鸮也，今江湖畔形色似白鸽而群飞者是也。

　　[2]【张注】心和而形顺者，物所不恶。住，当作"数"。

　　【释文】住音数。

　　[3]【释文】汝取来，一本作"可取来"。

　　[4]【张注】心动于内，形变于外，禽鸟犹觉，人理岂可诈哉？

　　[5]【释文】去，丘吕切。

　　[6]【张注】言为都忘，然后物无疑心。限于智之所知，则失之远矣。或有疑丈人假为形以获蝉，海童任心而鸥游，二情相背，而同不忤物。夫立言之本，各有攸趣。似若乖互会归不异者，盖丈人明夫心虑专一，犹能外不骇物，况自然冥至，形同于木石者乎？至于海童，诚心充于内，坦荡形于外；虽未能利害两忘，猜忌兼消，然轻群异类，亦无所多怪。此二喻者，盖假近以徵远，借末以明本耳。

　　【释文】齐，在诣切。忤音悟。骇，谐楷切，下同。

　　【卢解】夫神会可以理通，非以情知。知生则骨肉所猜，理生则万类无间，然后知审精微也。同万物者，在于神会；同群有者，在于情灭。欲独矜其心智，则去道远矣。

　　赵襄子率徒十万狩于中山，[1]藉芿燔林，[2]扇赫百
里。有一人从石壁中出，随烟烬上下。[3]众谓鬼物。火
过，徐行而出，若无所经涉者。襄子怪而留之。[4]徐而察
之，形色七窍，人也；[5]气息音声，人也。问奚道而处石？
奚道而入火？其人曰："奚物而谓石？奚物而谓火？"[6]襄
子曰："而嚮之所出者，石也；而嚮之所涉者，火也。"[7]
其人曰："不知也。"[8]魏文侯闻之，问子夏曰："彼何人
哉？"子夏曰："以商所闻夫子之言，和者大同于物，物无
得伤阂者，游金石，蹈水火，皆可也。"文侯曰："吾子奚
不为之？"子夏曰："刳心去智，[9]商未之能。虽然，试语
之有暇矣。"[10]文侯曰："夫子奚不为之？"子夏曰："夫
子能之而能不为者也。"文侯大说。[11]

　　[1]【张注】火畋曰狩。

　　【释文】赵襄子名无恤，简子之子也。率，所律切。畋音田。

　　[2]【释文】藉，在夜切。芿，而振切。在下曰藉，草不剪曰芿。
燔音烦，烧也。

　　[3]【释文】烬，疾刃切。上，时掌切。

　　[4]【释文】留，力救切，谓宿留而视之也。

　　[5]【释文】窍，口吊切。

　　[6]【张注】此则都不觉有石火，何物而能阂之？

　　[7]【释文】嚮音向。

　　[8]【张注】不知之极，故得如此。

　　[9]【释文】刳音枯。去，丘吕切。

　　[10]【张注】夫因心以刳心，借智以去智，心智之累诚尽，然所
遣心智之迹犹存。明夫至理非用心之所体忘，言之则有馀暇矣。

　　【释文】暇本又作假，亦音暇字。

　　【卢解】前章言游水之不碍，此章明火石之不伤，言人之习水者

多，蹈火者少，恐物情之偏执也，故复言火以辩之。其内忘己形，外忘于物，不知石之所以碍，火之所以伤。文侯不晓而兴问，子夏素知而善答。故文侯重质，子既能知者，何不为之耶？子夏曰，我但知而说之，则有馀也，若行而证之者，商则未知之能。

[11]【张注】天下有能之而能不为者，有能之而不能不为者，有不能而强欲为之者，有不为而自能者。至于圣人，亦何所为，亦何所不为；亦何所能，亦何所不能。俛仰同俗，升降随物，奇功异迹，未尝暂显。体中之绝妙处，万不视一焉。此卷自始篇至此章明顺性命之道，而不系著五情，专气致柔，诚心无二者，则处水火而不燋溺，涉木石而不挂硋，触锋刃而无伤残，履危险而无颠坠。万物靡逆其心，入兽不乱群，神能独游，身能轻举，耳可洞听，目可彻照。斯言不经，实骇常心，故试论之：夫阴阳递化，五才偏育。金土以母子相生，水火以燥湿相乘，人性以静躁殊途，升降以所能异情。故有云飞之翰，渊潜之鳞，火游之鼠，木藏之虫。何者？刚柔炎凉，各有攸宜，安于一域，则困于馀方。至于至人，心与元气玄合，体与阴阳冥谐，方员不当于一象，温凉不值于一器，神定气和，所乘皆顺，则五物不能逆，寒暑不能伤。谓含德之厚，和之至也，故常无死地，岂用心去就而复全哉？蹈水火，乘云雾，履高危，入甲兵，未足怪也。

【释文】"硋"作"碍"：说音悦。强，其两切。著，直略切。挂音卦。碍，本作"硋"。颠，都年切，坠也。偏音篇。

【卢解】言夫子能而不为者，方以仁义礼节君臣之道以救衰俗耳，不独善其身以群鸟兽焉。

　　有神巫自齐来处于郑，[1]命曰季咸，[2]知人死生、存亡、祸福、寿夭，期以岁、月、旬、日，如神。郑人见之，皆避而走。[3]列子见之而心醉，[4]而归以告壶丘子，[5]曰："始吾以夫子之道为至矣，则又有至焉者矣。"[6]壶子曰："吾与汝无其文，未既其实，而固得道与？[7]众雌而无雄，而又奚卵焉？[8]而以道与世抗，必信矣。[9]夫故使人得而相汝。[10]尝试与来，以予示之。"[11]明日，列子与之见壶子。出而谓列子曰："嘻！[12]子之先生死矣，弗活矣，不可以旬数矣。吾见怪焉，见湿灰焉。"[13]列子入，涕泣沾衿，以告壶子。壶子曰："向吾示之以地文，[14]罪乎不譐不止，[15]是殆见吾杜德几也。[16]尝又与来！"明日，又与之见壶子。出而谓列子曰："幸矣，子之先生遇我也，有瘳矣。灰然[17]有生矣，吾见杜权矣。"[18]列子入告壶子。壶子曰："向吾示之以天壤，[19]名实不入，[20]而机发于踵，[21]此为杜权。是殆见吾善者几也。[22]尝又与来！"明日，又与之见壶子。出而谓列子曰："子之先生坐不斋，[23]吾无得而相焉。试斋，将且复相之。"列子入告壶子。壶子曰："向吾示之以太冲莫眹，[24]是殆见吾衡气几也。[25]鲵旋之潘[26]为渊，[27]止水之潘为渊，流水之潘为渊，滥水之潘为渊，[28]沃水之潘为渊，[29]氿水之潘为渊，[30]雍水之潘为渊，[31]汧水之潘为渊，[32]肥水之潘为渊，[33]是为九渊焉。[34]尝又与来！"明日，又与之见壶子。立未定，自失而走。[35]壶子曰："追之！"列子追之而不及，反以报壶子，曰："已灭矣，已失矣，吾不及也。"壶子曰："向吾示之以未始出吾宗。[36]吾与之虚而猗移，[37]不知其谁何，[38]因以为茅靡，[39]因以为波流，故逃也。"[40]然后列子自以为未始学而归，三年不出，[41]为其妻爨，[42]食豕如食人，[43]于事无亲，[44]雕琢复朴，块然独以其形立，[45]纷然而封戎，[46]壹以是终。[47]

[1]【释文】男曰觋，女曰巫也。颜师古曰：巫觋亦通称。

[2]【释文】季咸，姓季名咸，郑人也。

〔3〕【张注】向秀曰：不喜自闻死日也。

【释文】避，一本作"齐"。喜，许记切。

〔4〕【张注】向秀曰：迷惑其道也。

〔5〕【释文】壶子，列子师也。

〔6〕【张注】郭象曰：谓季咸之至又过于夫子也。

【释文】过音戈。

〔7〕【释文】"無"作"无"：无，诸家本作"既"，于义不长。与音余。

〔8〕【张注】向秀曰：夫实由文显，道以事彰。有道而无事，犹有雌无雄耳。今吾与汝虽深浅不同，然俱在实位，则无文相发矣，故未尽我道之实也。此言至人之唱，必有感而后和者也。

【释文】卵，来短切。司马云：汝受训未熟，故未成，若众雌无雄者则无卵也。和，胡卧切。

〔9〕【释文】抗，口浪切，或作亢，音同。

〔10〕【张注】向秀曰：亢其一方以必信于世，故可得而相也。

【释文】相，悉亮切。

【卢解】列子见郑巫而心醉，以其能知生死祸福，将以道尽于此。壶丘子曰：吾与汝且亡其文迹，都未尽其实理也。汝岂得吾道欤？夫澄神寂虑，如众雌也；动用成功，若雄也。汝方息事以静心，安得无雄而求卵耶？乃欲以至道与俗巫相敌，则汝之深信，故鬼物知汝也。

〔11〕【释文】"示"作"眎"：眎音视。

〔12〕【释文】禧音熙。

〔13〕【释文】司马云：气如湿灰。

〔14〕【张注】向秀曰：块然若土也。

【释文】向吾，一本作"庸吾"，下同。

〔15〕【张注】罪，或作萌。向秀曰：萌然不动，亦不自止，与枯木同其不华，死灰均其寂魄，此至人无感之时也。夫至人其动也天，其静也地，其行也水流，其湛也渊嘿。渊嘿之与水流，天行之与地止，其

于不为而自然一也。今季咸见其尸居而坐忘，即谓之将死；见其神动而天随，便谓之有生。苟无心而应感，则与变升降，以世为量，然后足为物主而顺时无极耳，岂相者之所觉哉？

【释文】罪，本作"萌"。詵音震。崔譔曰：不詵不止，如动不动也。量音亮。

[16]【张注】向秀曰：德几不发，故曰杜也。

【卢解】夫鬼神之灵，能知人之动用之心耳。有所系，鬼便知也。壶子色存乎湿灰，心着乎土壤，萌然无虑，故曰天文。振动则为生，止静则冥寂，故曰不动不止也。

[17]【张注】灰，或作"全"。

【释文】灰，本作"全"。

[18]【张注】有用而无利，故谓之杜权。

[19]【张注】向秀曰：天壤之中，覆载之功见矣。比地之文，不犹外乎？

【释文】见，贤遍切。

[20]【张注】向秀曰：任自然而覆载，则名利之饰皆为弃物。

[21]【张注】郭象曰：常在极上起。

【释文】许慎注《淮南子》云：机发不旋踵。

[22]【张注】向秀曰：有善于彼，彼乃见之。明季咸之所见者浅也。

【卢解】有权而不用为杜也。若天之覆而未见其功自下而升，为名实未入，故云有生矣。

[23]【张注】或无坐字。向秀曰：无往不平，混然一之。以管窥天者，莫见其崖，故以不斋也。

【释文】"斋"作"齐"：齐，侧皆切，下同。

[24]【张注】向秀曰：居太冲之极，浩然泊心，玄同万方，莫见其迹。

【释文】"太"作"大"：大音泰。朕，直引切，兆也。

［25］【张注】衡，平也。

［26］【张注】音藩。

［27］【释文】"旋"作"桓"：鲵音倪。桓，胡官切，盘桓也。一本作"旋"，谓盘旋也。潘音盘，本作"蟠"，水之潘洄之潘。今作蟠，恐写之误。鲵，大鱼也。桓，盘桓也。蟠，洄流也。此言大鱼盘桓，其水蟠洄，而成深泉。《南华真经》作"审"。梁简文云：蟠，聚也。

［28］【释文】滥，咸上声，《尔雅》云：水涌出也。

［29］【释文】沃，乌仆切，水泉从上溜下也。

［30］【释文】氿音轨，水泉从傍出也。

［31］【释文】雍音拥，河水决出复还入也。

［32］【释文】汧音牵，水不流行也。

［33］【释文】水所出异为肥也。

［34］【张注】此九水名义见《尔雅》。夫水一也，而随高下夷险有洄激流止之异，似至人之心因外物难易有动寂进退之容。向秀曰：夫水流之与止，鲵旋之与龙跃，常渊然自若，未始失其静默也。郭象曰：夫至人用之则行，舍之则止。虽波流九变，治乱纷纭，若居其极者，常澹然自得，泊乎无为也。

【释文】洄音回。易，以豉切。舍音捨。澹，徒滥切。泊音魄。

【卢解】心运于太冲之气，漠然无迹，荡然有形，而转运不常，若水之变动殊名，未尝离乎渊澄也，故不得其状而辩之矣。

［35］【释文】丧失精神而走。

［36］【张注】向秀曰：虽进退同群，而常深根宁极也。

［37］【张注】向秀曰：无心以随变也。

【释文】猗，於危切。猗移，委移，至顺之貌。

［38］【张注】向秀曰：泛然无所系。

【释文】泛，芳剑切。

［39］【释文】茅《庄子》作弟，音颓。茅靡，崔譔曰：逊伏也。

［40］【张注】茅靡当为颓靡。向秀曰：变化颓靡，世事波流，无往不因，则为之非我。我虽不为，而与群俯仰。夫至人一也，然应世变而时动，故相者无所用其心，自失而走者也。

【卢解】绝思离念，入于无为。至虚而无形，不见其相貌，如草之靡，如波之流，淼然泛然，非神巫之所识也。

［41］【张注】向秀曰：弃人事之近务也。

［42］【张注】向秀曰：遗耻辱。

【释文】为，于伪切。爨，七玩切。

［43］【张注】向秀曰：忘贵贱也。

【释文】食音嗣，下同。豨，虚岂切，楚人呼猪作豨。

［44］【张注】向秀曰：无適无莫也。

【释文】適音的。

［45］【张注】向秀曰：雕琢之文，复其真朴，则外事去矣。

【释文】琢，持兖切，本作"琢"。

［46］【张注】向秀曰：真不散也。戎或作哉。

【释文】"戎"作"哉"：忿音纷。哉，一本作"戎"，音哉。

［47］【张注】向秀曰：遂得道也。

【卢解】忘是非，等贵贱，齐物我，息外缘。不封于我，守一而终，然后契真。

子列子之齐，中道而反，[1]遇伯昏瞀人。伯昏瞀人曰："奚方而反？"曰："吾惊焉。""恶乎惊？"[2]"吾食于十浆，[3]而五浆先馈。"[4]伯昏瞀人曰："若是，则汝何为惊己？"[5]曰："夫内诚不解，[6]形谍成光，[7]以外镇人心，[8]使人轻乎贵老，[9]而整其所患。[10]夫浆人特为食羹之货，[11]多馀之赢，[12]其为利也薄，其为权也轻，而犹若是。[13]而况万乘之主，身劳于国，而智尽于事，[14]

彼将任我以事，而效我以功，吾是以惊。"[15]伯昏瞀人曰："善哉观乎！[16]汝处己，人将保汝矣。"[17]无几何而往，则户外之屦满矣。[18]伯昏瞀人北面而立，敦杖蹙之乎颐。[19]立有间，[20]不言而出。宾者以告列子。[21]列子提履徒跣而走，[22]暨乎门，[23]问曰："先生既来，曾不废药乎？"[24]曰："已矣。吾固告汝曰，人将保汝，果保汝矣。非汝能使人保汝，[25]而汝不能使人无汝保也。[26]而焉用之感也？[27]感豫出异，[28]且必有感也，摇而本身，[29]又无谓也。[30]与汝游者，莫汝告也。[31]彼所小言，尽人毒也。[32]莫觉莫悟，何相孰也。"[33]

[1]【张注】惊人之推敬于己，故不敢遂进。

[2]【释文】恶音乌。

[3]【张注】客舍卖浆之家。

[4]【张注】人皆敬下之也。

【释文】馈，求位切，饷也。

[5]【释文】已音纪。惊己，谓惊其自失也。下处己同音。

[6]【张注】郭象曰：外自矜饰，内不释然也。

【释文】解音蟹。向秀曰：未能悬解。

[7]【张注】郭象曰：举动便辟成光仪。

【释文】谍音牒。辟，毗亦切。

[8]【张注】外以矜严服物，内实不足。

[9]【张注】使人轻而尊长之者，由其形谍成光故也。

【释文】长，丁丈切。

[10]【张注】郭象曰：以美形动物，则所患乱至也。

【释文】鳖，子西切。

[11]【释文】食音嗣。

[12]【张注】所货者羹食，所利者盈馀而已。

【释文】"多馀之赢"作"无多馀之赢"：赢音盈。一本无"无"字。

［13］【张注】郭象曰：权轻利薄，可无求于人，而皆敬己，是高下大小无所失者。

［14］【张注】所以不敢之齐。

【释文】"智"作"知"：知音智。

［15］【张注】推此类也，则货轻者望利薄，任重者责功多。

［16］【张注】汝知惊此者，是善观察者也。

［17］【张注】汝若默然不自显曜，适齐之与处此，皆无所惧。苟违此义，所在见保矣。

【释文】保，附也。

【卢解】见威仪以示人，故人轻死以尊敬。将恐人主之劳于事也，必委以责功，食禄增忧，所以惊惧耳。伯昏曰：汝能退身以全真，含光以灭迹，人将保汝矣。何则？进善之心，人皆有之；多利之地，人皆竞之。中人之性，可上可下。知名利之不可强也，则进善以自修。诗书礼乐，事不易习。若退迹守闲，灰心灭智也，无招招之利，得善人之名。故学道之门，善恶同趣者，君子以澄心，小人以诲身。虽不体悟，亦从善之益之也。故曰人将保汝矣。

［18］【张注】归之果众。

【释文】屦，九遇切，关西呼履谓之屦。

［19］【张注】敦，竖也。

【释文】敦音顿。戚，子六切。颐音怡。

［20］【释文】间，少时也。

［21］【释文】宾，本作"傧"。导也，必忍切。

［22］【释文】"履"作"屦"：提音蹄。屦，一本作"履"。跣，先典切。

［23］【释文】暨，其器切，至也。

［24］【张注】废，置也。曾无善言以当药石也。

【释文】当，丁浪切。

【卢解】废当为发。先生既来，何不发药石之言少垂训耳。

［25］【张注】顺乎理以接物，则物不保之。今背理而感物，求物不保，不可得。

【释文】背音佩。

［26］【张注】郭象曰：任平而化，则无感无求。无感无求，乃不相保。

【卢解】汝之退身全行，绝学弃智，人所以保汝者，非汝能召之也。若能灭迹混真，愚智不显者，人亦不知保汝矣。由是言之，汝之行适足为人所保，而不能使人不保也。

［27］【张注】汝用何术乃感物如此乎？

【释文】焉，於虔切。

［28］【张注】郭象曰：先物施惠，惠不因彼豫出而异也。

【释文】先，悉荐切。

［29］【释文】一本作“摇而才本性”。

［30］【张注】必恒使物感己，则彼我之性动易之。

【释文】易，以豉切。

［31］【张注】皆摇本之徒，不能相启悟也。

［32］【张注】小言细巧，易以感人，故为人毒害也。

［33］【张注】不能相成济也。

【释文】觉音教。

【卢解】汝用何道感之耶？必赞胜豫之词而出奇异之教，摇鼓汝舌，见能于众物，虽靡然顺汝，有何益耶？与汝同居者，不攻汝之短，但称汝之长，如此，适足毒汝之行，骄汝之心，有何相成耶？

　　杨朱南之沛，[1]老聃西游于秦，邀于郊。[2]至梁而遇老子。[3]老子中道仰天而叹曰：[4]“始以汝为可教，[5]今不可教也。"[6]杨朱不答。至舍,进涫漱巾栉,[7]脱履户外,[8]膝行而前,曰:"向者夫子仰天而叹曰:[9]'始以汝为可教,今不可教。'弟子欲请夫子辞,行不间,[10]是以不敢。今夫子间矣,请问其过。"老子曰:"而睢睢而盱盱,[11]而谁与居?[12]大白若辱,盛德若不足。"[13]杨朱蹵然变容曰:[14]"敬闻命矣。"其往也,舍迎将家,[15]公执席,妻执巾栉,舍者避席,炀者避灶。[16]其反也,舍者与之争席矣。[17]

[1]【释文】杨朱解在第七篇。沛音贝。

[2]【释文】邀,於宵切,抄也,遮也。

[3]【张注】《庄子》云杨子居,子居或杨朱之字,又不与老子同时。此皆寓言也。

[4]【释文】中道,道中。仰,本作"卬",亦音仰。

[5]【释文】"汝"作"女":女音汝。

[6]【张注】与至人游而未能去其矜夸,故曰不可教者也。

【释文】去,丘吕切。夸,口瓜切。

[7]【释文】涫音管,《庄子》作盥。漱音瘦。栉,壮乙切。

[8]【释文】履,本作"屦"。

[9]【释文】"向"作"嚮":嚮音向。

[10]【释文】间音闲,下同。

[11]【释文】睢,许唯切。盱音吁。《说文》云:盱,仰目也。《苍颉篇》云:盱,张目貌。高诱注《淮南子》云:睢盱,视听貌。

[12]【张注】汝云何自居处而夸张若此,使物故叹之乎?

[13]【张注】不与物竞,则常处卑而守约也。

[14]【释文】蹵,子六切。

[15]【张注】客舍家也。

[16]【张注】厚自藏异,则物惮之也。

【释文】炀音杨。司马云：对火曰炀。《淮南子》云：富人衣纂锦，贫人炀灶口。

[17]【张注】自同于物，物所不恶也。

【释文】恶，乌路切。

【卢解】夫真隐之者，无矜夸之声，无可贵之容。故杨子之往也，人迎送之。及闻善而改，居者与之争席矣。前章言列子之使人保汝，而此章言杨朱能使人无汝保也。

杨朱过宋，[1]东之于逆旅。逆旅人有妾二人，其一人美，其一人恶，恶者贵而美者贱。杨子问其故。逆旅小子对曰："其美者自美，吾不知其美也；其恶者自恶，吾不知其恶也。"杨子曰："弟子记之！行贤而去自贤之行，[2]安往而不爱哉？"[3]

[1]【释文】过音戈。

[2]【释文】去，丘吕切。行，下孟切。

[3]【张注】夫骄盈矜伐，鬼神人道之所不与；虚己以循理，天下之所乐推。以此而往，孰能距之？

【卢解】此重结前两科之义也。夫能使人保于我者，其不保者心嫉之哉。不敢令物之保己也，则天下皆忘其恶矣，况逆旅之妾乎？

天下有常胜之道，有不常胜之道。常胜之道曰柔，常不胜之道曰强。二者亦知，[1]而人未之知。故上古之言：强，先不己若者；[2]柔，先出于己者。[3]先不己若者，至于若己，则殆矣。[4]先出于己者，亡所殆矣。[5]以此胜一身若徒，以此任天下若徒，谓不胜而自胜，不任而自任也。[6]粥子曰：[7]"欲刚，必以柔守之；欲强，必以弱保之。[8]积于柔必刚，积于弱必强。观其所积，以知祸福之乡。[9]强胜不若己，至于若己者刚。[10]柔胜出于己者，其力不可量。"老聃曰："兵强则灭，[11]木强则折。[12]柔弱者生之徒，坚强者死之徒。"[13]

[1]【张注】亦，当作"易"。

【释文】亦，本作"易"，以豉切。

[2]【张注】所胜在己下者耳。

[3]【张注】不与物竞，则物不能加也。

[4]【张注】遇敌必危之也。

[5]【张注】理常安也。

【释文】亡音无。

[6]【张注】夫体柔虚之道，处不竞之地，虽一身之贵，天下之大，无心而御之，同于徒矣。徒，空默之谓也。郭象曰：听耳之所闻，视目之所见，知止其所不知，能止其所不能，用其自用，为其自为，顺性而不竞于物者，此至柔之道也。故举其自举，持其自持，既无分铢之重，而我无力焉。

【卢解】强之与柔，二者易知也。人所以未知者何？即求胜之心多也。即遇不如己者，未足为强；若遇敌于己者，则常危矣。以此心求胜一身一任天下也，常如徒役无时自安。若柔者，在己下者，亦不欲胜之，况出乎己者耶？人谓不胜，而我乃自胜也。自任，故未尝有失也。《老子》曰：柔弱胜刚强。

[7]【释文】"粥"作"鬻"：鬻，本作"粥"，余六切。

[8]【张注】守柔不以求刚而自刚，保弱不以求强而自强，故刚强者，非欲之所能致也。

[9]【张注】祸福生于所积也。

[10]【张注】必有折也。

［11］【张注】王弼曰：物之所恶，故必不得终焉。

［12］【张注】强极则毁矣。

［13］【卢解】君子曰：强梁者不得其死，好胜者必遇其敌。积德累仁，柔之道也。

状不必童[1]而智童，智不必童而状童。圣人取童智而遗童状，众人近童状而疏童智。状与我童者，近而爱之；状与我异者，疏而畏之。有七尺之骸，手足之异，戴发含齿，倚而趣者，谓之人，[2]而人未必无兽心。虽有兽心，以状而见亲矣。傅翼戴角，[3]分牙布爪，仰飞伏走，谓之禽兽，而禽兽未必无人心。虽有人心，以状而见疏矣。庖牺氏、[4]女娲氏、[5]神农氏、夏后氏，蛇身人面，牛首虎鼻：此有非人之状，而有大圣之德。[6]夏桀、殷纣、鲁桓、楚穆，状貌七窍，皆同于人，而有禽兽之心。而众人守一状以求至智，未可几也。[7]黄帝与炎帝战于阪泉之野，[8]帅熊、罴、狼、豹、貙、虎为前驱，[9]雕、鹖、鹰、鸢为旗帜，[10]此以力使禽兽者也。尧使夔典乐，击石拊石，百兽率舞，箫韶九成，凤皇来仪，此以声致禽兽者也。然则禽兽之心，奚为异人？形音与人异，而不知接之之道焉。[11]圣人无所不知，无所不通，故得引而使之焉。禽兽之智有自然与人童者，其齐欲摄生，亦不假智于人也。牝牡相偶，母子相亲；避平依险，违寒就温；居则有群，行则有列；[12]小者居内，壮者居外；饮则相携，食则鸣群。太古之时，[13]则与人同处，与人并行。[14]帝王之时，始惊骇散乱矣。逮于末世，隐伏逃窜，以避患害。[15]今东方介氏之国，[16]其国人数数解六畜之语者，[17]盖偏知之所得。[18]太古神圣之人，备知万物情态，悉解异类音声。会而聚之，训而受之，同于人民。故先会鬼神魑魅，[19]次达八方人民，末聚禽兽虫蛾。[20]言血气之类心智不殊远也。神圣知其如此，故其所教训者无所遗逸焉。[21]

［1］【张注】童，当作"同"。

［2］【释文】倚，于绮切。趣音趋。

［3］【释文】傅音附。

［4］【释文】庖音匏。牺，许宜切。

［5］【释文】娲音瓜。庖牺、女娲皆古天子。

［6］【张注】人形貌自有偶与禽兽相似者，古诸圣人多有奇表：所谓蛇身人面，非被鳞臆行、无有四支。牛首虎鼻，非戴角、垂胡、曼额、解颔，亦如相书龟背、鹄步、鸢肩、鹰喙耳。

【释文】臆音亿。曼音万。頞，乌葛切，鼻上也。颔，胡感切。相，息亮切。鹄音鹤。鸢音缘。喙，许秽切。

［7］【释文】几音冀。

【卢解】夫异物之所亲者，神也。神去，则父子之亲亦隔矣。故居恐怖之夜，与生物同宇，则不惧者，神有同也。处平常之宅，与死尸同室，则恐矣，神有异也。则彼死我生，犹是向时之形。一安一惧者，同类去而形非亲也。而人不知含生之物神同形殊，以为忧畏，乃以状貌同异以为亲疏者，惑矣。故《庄子》曰，物所齐有者为神，故神为养生之主也。

［8］【释文】阪，蒲板切。阪泉在上谷。

［9］【释文】帅音率。罴音碑。貙，丑俱切。

［10］【释文】鹏鹖音雕曷，一本作"鹗"。帜音炽。自熊罴皆猛兽勇斗者也。

［11］【释文】"而不知接之之道"作"而人不知接之之道"：一本无人字。

［12］【释文】行，户刚切。

［13］【释文】"太"作"大"：大音泰。

［14］【张注】德纯者，禽兽不忌也。

［15］【张注】人有害物之心，物亦知避之也。

［16］【释文】介音界。

［17］【释文】数音朔。畜，朽又切。解音蟹，注同。

［18］【张注】夫龟龙，甲鳞之宗；麟凤，毛羽之长。爰逮蛸飞蠕动，皆鸣呼相闻，各有意趣，共相制御，岂异于人？但人不能解，因谓禽兽之声无有音章。是以穷理备智，则所通万途；因事偏达，偶识一条。《春秋左氏传》曰："介葛卢闻牛鸣，曰，是生四子，尽为牺矣。"

【释文】长，张丈切。蛸，许缘切。蠕，而兖切。

［19］【张注】禹朝群神于会稽是也。

【释文】魖，丑知切。魅音媚。

［20］【张注】百兽率舞是也。

【释文】《尔雅》云：有足曰虫，无足曰蛾。一本作"虫蚁"。

［21］【卢解】春秋介葛卢闻牛鸣，知生三牲牺，禹朝群神，舜百兽，则其事也。

宋有狙公者，［1］爱狙，养之成群，能解狙之意，［2］狙亦得公之心。损其家口，充狙之欲。俄而匮焉，将限其食。恐众狙之不驯于己也，［3］先诳之曰："与若芧，［4］朝三而暮四，足乎？"众狙皆起而怒。俄而曰："与若芧，朝四而暮三，足乎？"众狙皆伏而喜。物之以能鄙相笼，皆犹此也。［5］圣人以智笼群愚，亦犹狙公之以智笼众狙也。名实不亏，［6］使其喜怒哉。［7］

［1］【张注】好养猿猴者，因谓之狙公也。

【释文】狙，七余切。狙公，养狙公也。好，呼报切。

［2］【释文】解音蟹。

［3］【张注】驯音唇。

【释文】驯音唇。

［4］【张注】芧，栗也。

【释文】芧音序，橡子也。

［5］【释文】能鄙相笼，一本作“智鄙相笼”。

［6］【释文】“不”作“未”：名实未亏，一本作“若实未亏也”。

［7］【卢解】含识之物虽同有其神，而圆首方足，人最为灵智耳。智之尤者为圣为贤，才之大者为君王。圣人随才而任，各得其宜。无小无大，各当其分。既无弃人，亦无弃物。笼之以智，岂独众狙也？

纪渻子为周宣王养斗鸡，[1]十日而问：“鸡可斗已乎？”曰：“未也，方虚骄而恃气。”[2]十日又问。曰：“未也，犹应影响。”[3]十日又问。曰：“未也，犹疾视而盛气。”[4]十日又问。曰：“几矣。鸡虽有鸣者，已无变矣。[5]望之似木鸡矣，其德全矣。[6]异鸡无敢应者，反走耳。”[7]

［1］【释文】“纪渻子”作“纪消子”：姓纪名消，或作渻，所景切。为，于伪切。

［2］【张注】无实而自矜者。

［3］【张注】接悟之速。

【释文】“速”作“迅”：向音响。李颐云：应响鸣，顾影行。迅，峻、信二音，一本作“速”。

［4］【张注】常求敌而必己之胜。

［5］【张注】彼命敌而我不应，忘胜负矣。

［6］【张注】至全者更不似血气之类。

［7］【张注】德全者，非但己无心，乃使外物不生心。郭象曰：养之以至于全者，犹无敌于外，况自全乎？

【卢解】恃气以自矜，非必胜之道也。应物疾速如影响者，为物所转，未必自得也。疾视盛气者，机心未忘也。唯忘形神，全死生，不知变者，斯乃无敌于外物也。

惠盎[1]见宋康王。[2]康王蹀足謦欬，[3]疾言曰："寡人之所说者，[4]勇有力也，不说为仁义者也。客将何以教寡人？"惠盎对曰："臣有道于此，使人虽勇，刺之不入；[5]虽有力，击之弗中。[6]大王独无意邪？"宋王曰："善，此寡人之所欲闻也。"惠盎曰："夫刺之不入，击之不中，此犹辱也。臣有道于此，使人虽有勇，弗敢刺；虽有力，弗敢击。夫弗敢，非无其志也。臣有道于此，使人本无其志。夫无其志也，未有爱利之心也。臣有道于此，使天下丈夫女子莫不驩然皆欲爱利之。[7]此其贤于勇有力也，四累之上也。大王独无意邪？"[8]宋王曰："此寡人之所欲得也。"[9]惠盎对曰："孔墨是已。[10]孔丘、墨翟无地而为君，[11]无官而为长，[12]天下丈夫女子莫不延颈举踵而愿安利之。今大王，万乘之主也，诚有其志，则四竟之内[13]皆得其利矣。其贤于孔墨也远矣。"宋王无以应。惠盎趋而出。宋王谓左右曰："辩矣，客之以说服寡人也！"[14]

［1］【张注】惠盎，惠施之族。

【释文】盎，阿浪切。

［2］【释文】见，贤遍切。

［3］【释文】蹀音牒。謦，口顶切。欬音慨。

［4］【释文】说音悦，下同。

［5］【释文】刺，七亦切。

［6］【释文】中，丁仲切，下同。

［7］【释文】驩音欢。

［8］【张注】处卿大夫士民之上，故言四累也。

［9］【卢解】刺不入击不中，一也；不敢刺不敢击，二也；本无击之心，三也；使男女驩然爱利之，四也。如此四重，取其上者，何如耶？故宋王倾意欲闻之。

［10］【卢解】此明智以齐物，崇教以化人，皆道之馀事陟乎德者。

［11］【释文】翟音狄。墨翟，宋大夫也，在孔子后，著书七十一篇，崇孝尊鬼，强本节用，亦救世之难，有攻守之术。

［12］【释文】长，张丈切。

［13］【释文】竟音境。

［14］【释文】说如字，又音税。服寡人也，一本作"晓寡人也"。

【卢解】此崇道以明德，垂迹以利人。众徒见孔墨之教传，岂知隐道以彰德？所以问津不群于鸟兽，此其大旨也。

卷　三

周穆王[1]第三

周穆王时，[2]西极之国有化人来，[3]入水火，贯金石，[4]反山川，移城邑，乘虚不坠，[5]触实不硋。[6]千变万化，不可穷极。既已变物之形，又且易人之虑。[7]穆王敬之若神，事之若君。[8]推路寝以居之，引三牲以进之，选女乐以娱之。化人以为王之宫室卑陋而不可处，王之厨馔腥蝼而不可飨，[9]王之嫔御膻恶而不可亲。[10]穆王乃为之改筑。土木之功，[11]赭垩之色，[12]无遗巧焉。五府为虚，[13]而台始成。其高千仞，临终南之上，[14]号曰中天之台。简郑卫之处子娥媌靡曼者，[15]施芳泽，正娥眉，[16]设笄珥，[17]衣阿锡，[18]曳齐纨。[19]粉白黛黑，[20]佩玉环。杂芷若[21]以满之，[22]奏《承云》、《六莹》、《九韶》、《晨露》以乐之。[23]月月献玉衣，旦旦荐玉食。[24]化人犹不舍然，[25]不得已而临之。[26]居亡几何，[27]谒王同游。[28]王执化人之袪，[29]腾而上者，中天乃止。[30]暨及化人之宫。[31]化人之宫构以金银，络以珠玉，出云雨之上，而不知下之据，望之若屯云焉。耳目所观听，鼻口所纳尝，皆非人间之有。王实以为清都、紫微、钧天、广乐，帝之所居。[32]王俯而视之，其宫榭若累块积苏焉。[33]王自以居数十年不思其国也。[34]化人复谒王同游，[35]所及之处，[36]仰不见日月，俯不见河海。光影所照，王目眩不能得视；[37]音响所来，王耳乱不能得听。百骸六藏，悸而不凝。[38]意迷精丧，[39]请化人求还。[40]化人移之，[41]王若殒虚焉。[42]既寤，所坐犹嚮者之处，[43]侍御犹向者之人。视其前，则酒未清，肴未昲。[44]王问所从来，左右曰："王默存耳。"由此穆王自失者三月而复。[45]更问化人。[46]化人曰："吾与王神游也，形奚动哉？[47]且曩之所居，[48]奚异王之宫？曩之所游，奚异王之圃？王闲恒有，疑蹔亡。[49]变化之极，徐疾之间，可尽模哉？"[50]王大悦。不恤国事，[51]不乐臣妾，[52]肆意远游。[53]命驾八骏之乘，[54]右服䮍[55]骝而左绿耳，[56]右骖赤骥而左白𣞗，[57]主车则造父为御，𪊲𧉪为右；[58]次车之乘，右服渠黄而左踰轮，左骖盗骊而右山子，[59]柏夭主车，[60]参百为御，奔戎为右。驰驱千里，至于巨蒐氏之国。[61]巨蒐氏乃献白鹄之血以饮王，[62]具牛马之湩以洗王之足，[63]及二乘之人。[64]已饮而行，遂宿于昆仑之阿，赤水之阳。[65]别日升于昆仑之丘，[66]以观黄帝之宫，[67]而封之以诒后世。[68]遂宾于西王母，[69]觞于瑶池之上。[70]西王母为王谣，[71]王和之，[72]其辞哀焉。西观日之所入。[73]一日行万里。[74]王乃叹曰："於乎！[75]予一人不盈于德而谐于乐。[76]后世其追数吾过乎！"[77]穆王几神人哉！[78]能穷当身之乐，[79]犹百年乃徂，[80]世以为登假焉。[81]

[1]【张注】夫禀生受有谓之形，俛仰变异谓之化。神之所交谓之梦，形之所接谓之觉。原其极也，同归虚伪。何者？生质根滞，百年乃终；化情枝浅，视瞬而灭。神道恍惚，若存若亡；形理显著，若诚若实。故洞监知生灭之理均，觉梦之涂一，虽万变交陈，未关神虑。愚惑者以显昧为成验迟速而致疑，故窃然而自私，以形骸为真宅。孰识生化之本归之于无物哉？

【释文】"视瞬"作"视瞚"，"恍惚"作"怳惚"：俛音免。觉音教。悗，况往切。惚音忽。

【卢解】天地成器，无所不包。人生其中，但保其有，曾不知神为形主，无制于有。圣人所以养其本，愚者但知养其□。形约以为生，贪生而不识生之主；形谢以为死，不知神识之长存。迷者为凡人，悟者通圣智。惑者多矣，故先说悟者以辩之。

［2］【释文】周穆王名满，昭王子也。

［3］【张注】化幻人也。

【释文】幻，胡办切。

［4］【释文】贯音官，穿也。

［5］【释文】"坠"作"隧"：隧音坠。

［6］【释文】硋音碍。

［7］【张注】能使人暂忘其宿所知识。

［8］【卢解】凡人之虑不过嗜欲、忧憎、名利、仁义矣，化人今反其真，故云易也。化人者，应物之身也。穷理极智，应用无方，千变万化，未始有极者也。

［9］【张注】蝼，蛄臭也。

【释文】腥音星。蝼音楼。飨音享。《周礼·天官·内饔》"腥不可食者，马黑脊而般臂蝼"，郑玄云："般臂，毛自有文也。蝼，蛄臭。"今读者宜依《周礼》饔食。按隋秘书王邵《读书记》云：蝼蛄，古本多作女旁者，《方言》亦同。饔音邕。般音斑。

［10］【释文】膻音羶。

【卢解】陋王之宫室，腥王之厨膳，膻王之嫔御者，明化人不贵声色滋味及居处也。

［11］【释文】"乃"作"迺"：迺，古"乃"字。为，于伪切。

［12］【释文】赭音者，赤色。垩音恶，白土也。

［13］【释文】《周礼》：太府掌九贡九职之货贿，玉府掌金玉玩好，内府主良货贿，外府主泉藏，膳府主四时食物者也。

［14］【释文】终南，山名，在京兆。

〔15〕【张注】娥媌，妖好也。靡曼，柔弱也。

【释文】媌音茅。好而轻者谓之娥，自关而东、河齐之间谓之媌，或谓之姣。曼音万。

〔16〕【释文】娥音俄。

〔17〕【张注】笄，首饰。珥，瑱也。

【释文】笄音鸡。珥音饵，瑱也，冕上垂玉以塞耳也。瑱，他见切。

〔18〕【张注】阿，细縠。锡，细布。

【释文】衣，於既切。縠音斛。

〔19〕【张注】齐，名纨所出也。

【释文】曳音裔。齐纨，范子曰："白纨素出齐鲁"。

〔20〕【释文】黛音代。

〔21〕【张注】芷若，香草。

【释文】芷音止。

〔22〕【张注】充满台馆。

〔23〕【张注】《承云》，黄帝乐；《六莹》，帝喾乐；《九韶》，舜乐；《晨露》，汤乐。

【释文】"九韶"作"九招"：莹，乌定切，又音茎。招，本作"韶"，市昭切。乐音洛。

〔24〕【张注】言其珍异。

〔25〕【释文】舍音释。

〔26〕【卢解】王不达其意，更崇饰之。化人犹不释然，明心不在此之也。

〔27〕【释文】亡音无。几，居岂切。

〔28〕【释文】谒，请也。

〔29〕【张注】袪，衣袖也。

【释文】袪音墟。

〔30〕【释文】上，时掌切。

〔31〕【释文】暨，见器切。

〔32〕【张注】清都、紫微，天帝之所居也。传记云："秦穆公疾不知人，既寤，曰：我之帝所甚乐，与百神游钧天广乐，九奏万舞，不类三代之乐，其声动心。"一说云赵简子亦然也。

【释文】"穆"作"缪"：广乐之乐音岳，注同。甚乐之乐音洛。缪音穆。

〔33〕【释文】块，口对切。苏，樵人。

〔34〕【张注】所谓易人之虑也。

【卢解】中天，至灵之心也。以穆王未能顿忘其嗜欲，故化以宫室之盛，夺其所重之心焉。

〔35〕【释文】复，扶又切。

〔36〕【释文】处，昌据切。

〔37〕【释文】眩音悬。

〔38〕【释文】悸，其季切。

〔39〕【释文】丧，息浪切。

〔40〕【张注】太虚恍惚之域，固非俗人之所涉。心目乱惑，自然之数也。

〔41〕【张注】移犹推也。

〔42〕【张注】殒，坠也。

【释文】"殒"作"磌"：音陨，落也。

【卢解】至极之理，即化人所及之处也。万象都尽也，何日月江海之可存？众昏皆除也，何光景之能有？此俗形所不能止，常心所未曾知。常恋未忘，故请归也。

〔43〕【释文】饷音向。

〔44〕【张注】扶贵切。

【释文】哺，扶贵切。《方言》：哺，干物也。又音沸。

〔45〕【释文】三月而复为句，一本作"不复"。

〔46〕【张注】问其形不移之意。

【卢解】亡攀缘之虑，入寂照之方。一念之间，万代所不及。至人之域，岂更别有方？圣故酒未清肴未晞，左右见王之默坐而都无所往来，王因坐忘三月不敢问矣。

［47］【张注】所谓神者，不疾而速，不行而至。以近事喻之，假寐一昔，所梦或百年之事，所见或绝域之物。其在觉也，俛仰之须臾，再抚六合之外。邪想淫念，犹得如此，况神心独运，不假形器，圆通玄照，寂然凝虚者乎？

【释文】觉音教。

［48］【释文】曩，乃朗切。

［49］【张注】彼之与此，俱非真物。习其常存，疑其暂亡者，心之惑也。

【释文】间音闲。谓习其常存也，一本无"有"字。

［50］【张注】变化不可穷极，徐疾理亦无间，欲以智寻象模，未可测。

【释文】模音谟。

【卢解】夫神之异形，此益明矣。王但闲习常见，故有疑于暂亡。若夫至道之人常亡其形者，复何疑哉？神之变化徐疾不可尽言。

［51］【释文】恤，思律切。

［52］【张注】感至言，故遗世事之治乱，忘君臣之尊卑也。

【释文】治，直吏切。

［53］【卢解】《庄子》之论，夫贵道之人遗天下而不顾，是犹尘垢糠秕，将犹陶铸尧舜也，孰肯以物为事乎？且声色嗜欲之溺也，岂有道之所躭酖乎？故王大悦其道，不恤国事，不乐臣妾也。远游者，忘于近习者也。

［54］【释文】骏音俊。乘，实证切，下同。

［55］【张注】古"骓"字。

［56］【释文】騕音华。骝音留。騕骝、绿耳，皆八骏名。

［57］【张注】古"义"字。

【释文】"燦"作"牺"：骖，七南切。骥音冀。牺音义。《史记》曰："造父为穆王得骅骝、绿耳、赤骥、白牺之马，御以游巡，往见西王母，乐而忘归"，与《穆天子传》略同。郭璞注云，"皆毛色以为名也"。后有渠黄、踰轮、盗骊、山子，为八骏也。

［58］【张注】上齐下合，此古字，未审。

【释文】"裔"作"窖"：造，七到切。父音甫。《史记》云：周穆王乘骅骝、绿耳，使造父为御，日行千里。窖音泰，篆作"俞"。召音丙，石经作"凤"。《字林云隐》作"盃"，本作"裔召"，音上齐下合，于义无取焉。《淮南子》云：钳且泰丙之御也，除辔衔，弃鞭策。高诱云：皆古之得道善御也。钳，其炎切。且，子余切。

［59］【释文】骊，力移切。盗骊即《荀子》云纤离者也。

［60］【释文】夭，於表切。郭璞云：柏夭，人姓名。

［61］【释文】巨蒐音渠搜，西戎国名。

［62］【释文】饮，於禁切。

［63］【张注】湩，乳也。以己所珍贵献之至尊。

［64］【释文】湩，竹用切。洗，先礼切。乘，室证切。

［65］【张注】《山海经》云：昆仑山有五色水也。

【释文】崑崙音昆仑。《山海经》云：流沙之滨，赤水之后，黑水之前，有大山，名昆仑之丘。有人穴处，名曰西王母也。

［66］【释文】"丘"作"北"：北，古"丘"字。

［67］【释文】陆贾《新语》云：黄帝巡游四海，登昆仑山，起宫，望于其上。

［68］【释文】诒音怡，传也。

［69］【释文】《河图玉版》云：西王母居昆仑山。《纪年》云：穆王十七年西征，见西王母，宾于昭宫。

［70］【张注】西王母，人类也。虎齿蓬发，戴胜善啸也。出《山海经》。

［71］【张注】徒歌曰谣。诗名《白云》。

【释文】为，于伪切。

［72］【张注】和，答也。诗名《东归》。

【释文】和，胡卧切。

［73］【张注】《穆天子传》云：西登弇山。

【释文】弇音奄。

［74］【释文】"万里"作"万行"：行读为里。

［75］【释文】"乎"作"于"：於于音呜呼，又作乎。

［76］【张注】谐，辨。

［77］【张注】自此已上至命驾八骏之乘事见《穆天子传》。

【释文】数，色句切，责也。

［78］【张注】言非神也。

【释文】几音岂。

［79］【释文】乐音洛。

［80］【张注】知世事无常，故肆其心也。

［81］【张注】假字，当作"遐"。世以为登遐，明其实死也。

【释文】假音遐。

【卢解】择翘骏，拣贤才，应用随方。不限华夷之国，唯道所趣。不远轩辕之宫，穷天地之所有，极神知之所说。不崇德以矜用，方乐道以通神。千载骸化而上升，世俗之人以为登遐焉矣。

　　老成子学幻于尹文先生，[1]三年不告。老成子请其过而求退。尹文先生揖而进之于室。屏左右而与之言曰：[2]"昔老聃之徂西也，[3]顾而告予曰：有生之气，有形之状，尽幻也。造化之所始，阴阳之所变者，谓之生，谓之死。穷数达变，因形移易者，谓之化，谓之幻。[4]造物者其巧妙，其功深，固难穷难终。[5]因形者其巧显，其功浅，故随起随灭。[6]知幻化之不异生死也，始可与学幻矣。[7]

吾与汝亦幻也，奚须学哉？"[8]老成子归，用尹文先生之言深思三月，[9]遂能存亡自在，憣校四时，[10]冬起雷，夏造冰，飞者走，走者飞。[11]终身不箸其术，[12]故世莫传焉。[13]子列子曰："善为化者，其道密庸，其功同人。[14]五帝之德，三王之功，未必尽智勇之力，或由化而成，孰测之哉？"[15]

[1]【释文】"老"作"考"：考成子，一本作"老成子"，著书十八篇。

[2]【释文】屏，必郢切。

[3]【释文】聃，吐蓝切。

[4]【张注】穷二仪之数，握阴阳之纪者，陶运万形，不觉其难也。

[5]【张注】造物者岂有心哉？自然似妙耳。夫气质愤薄，结而成形，随化而往，故未即消灭也。

【释文】愤，房吻切。

[6]【张注】假物而为变革者，与成形而推移，故暂生暂没。功显事著，故物皆骇。

[7]【张注】注篇目已详其义。

[8]【张注】身则是幻，而复欲学幻，则是幻幻相学也。

【释文】复，扶又切。

【卢解】夫形气之所变化，新新不住，何殊于幻哉？故神气所变者，长远而难知；法术之所造，从近而易见。乃不知乎难知者为大幻，易见者为小幻耳。若知幻化之不异生死，更何须学耳。

[9]【释文】"深"作"淫"：淫音深。

[10]【释文】憣音翻。校音绞。顾野王读作翻交四时。

[11]【张注】深思一时，犹得其道，况不思而自得者乎？夫生必由理，形必由生。未有有生而无理，有形而无生。生之与形，形之与

理，虽精粗不同，而迭为宾主。往复流迁，未始暂停。是以变动不居，或聚或散。抚之有伦，则功潜而事著；修之失度，则迹显而变彰。今四时之令或乖，则三辰错序。雷冰反用，器物蒸烁，则飞炼云沙以成冰澒。得之于常，众所不疑。推此类也，尽阴阳之妙数，极万物之情者，则陶铸群有，与造化同功矣。若夫偏达数术，以气质相引，俛仰则一出一没，顾眄则飞走易形，盖术之末者也。

【释文】烁音铄。澒音洪。

[12]【释文】"箸"作"著"：著，陟虑切。

[13]【张注】日用而百姓不知，圣人之道也。显奇以骇一世，常人之事耳。

【卢解】精乎神气之本，审乎生死之源，则能变化无方，此必然之理也。会须心悟体证，故不可以言语文字传者也。

[14]【张注】取济世安物而已，故其功潜著而人莫知焉。

【释文】已音以。

[15]【张注】帝王之功德，世为之名，非所以为帝王也。揖让干戈，果是所假之涂，亦奚为而不假幻化哉？但骇世之迹，圣人密用而不显焉。

【释文】为之之为，于伪切。

觉有八徵，[1]梦有六候。[2]奚谓八徵？一曰故，[3]二曰为，[4]三曰得，四曰丧，[5]五曰哀，六曰乐，[6]七曰生，八曰死。此者八徵，形所接也。奚谓六候？一曰正梦，[7]二曰蘁梦，[8]三曰思梦，[9]四曰寤梦，[10]五曰喜梦，[11]六曰惧梦。[12]此六者，神所交也。[13]不识感变之所起者，事至则惑其所由然；识感变之所起者，事至则知其所由然。知其所由然，则无所怛。[14]一体之盈虚消息，皆通于天地，应于物类。[15]故阴气壮，则梦涉大水而恐惧；[16]阳气壮，则梦涉大火而燔焫。[17]阴阳俱壮，则梦生杀。[18]甚饱则梦与，甚饥则梦取。[19]是以以浮虚为疾者，则梦扬；以沉实为疾者，则梦溺。藉带而寝则梦蛇，[20]飞鸟衔发则梦飞。[21]将阴梦火，将疾梦食。饮酒者忧，歌儛者哭。[22]子列子曰："神遇为梦，形接为事。[23]故昼想夜梦，神形所遇。[24]故神凝者想梦自消。[25]信觉不语，信梦不达，物化之往来者也。[26]古之真人，其觉自忘，其寝不梦，几虚语哉？"[27]

[1]【释文】觉音教。

[2]【张注】徵，验也。候，占也。六梦之占，义见《周官》。

【释文】见，贤遍切。

[3]【张注】故，事。

[4]【张注】为，作也。

[5]【释文】丧，息浪切。

[6]【释文】乐音洛。

[7]【张注】平居自梦。

[8]【张注】《周官》注云：蘁当为惊愕之愕，谓惊愕而梦。

【释文】蘁音愕。

[9]【张注】因思念而梦。

[10]【张注】觉时道之而梦。

【释文】寤音悟。

[11]【张注】因喜悦而梦。

[12]【张注】因恐怖而梦。

[13]【张注】此一章大旨亦明觉梦不异者也。

[14]【张注】夫变化云为皆有因而然，事以未来而不寻其本者，莫不致惑。诚识所由，虽谲怪万端，而心无所骇也。

【释文】怛，丁达切。谲音决。

【卢解】夫虚心寂虑，反照存神，则能通感无碍，化被含灵矣。人徒见其用化之迹，不识夫通化之本也。何者？以其道密用而难知，其功成不异于人事，故五帝三王，人但知其智勇之力，不能识其感化而成之者也。然觉有八徵、梦有六候者，生人之迹不过此矣。故、为、得、丧、哀、乐、生、死，形所接也；正、愕、思、寤、喜、惧，神所交也。形所接者，咸以为觉；神所交者，咸以为梦。而觉梦出殊，其于化也未始有别。知八徵、六候之常化也，是则识其所由矣。夫知守神不乱而化之有由，则所遇徵候，何所惊怛也？

〔15〕【张注】人与阴阳通气，身与天地并形，吉凶往复，不得不相关通也。

〔16〕【张注】失其中和，则濡溺恐惧也。

【释文】濡音儒。

〔17〕【张注】火性猛烈，遇则燔炳也。

【释文】燔音烦。炳，如悦切。

〔18〕【张注】阴阳以和为用者也，抗则自相利害，故或生或杀也。

【释文】抗或作亢。

〔19〕【张注】有馀故欲施，不足故欲取，此亦与觉相类也。

〔20〕【释文】藉，慈夜切。

〔21〕【张注】此以物类致感。

〔22〕【张注】此皆明梦，或因事致感，或造极相反，即《周礼》六梦六义，理无妄然。

【释文】造，七到切。

【卢解】神气执有则化随，阴阳所感则梦变。或曾极而为应，或像似而见迹，或从因而表实，或反理而未表情。若凝理会真，冥神应道者，明寂然通变，忧乐不能入矣。

〔23〕【张注】《庄子》曰：其寐也神交，其觉也形开。

〔24〕【张注】此想谓觉时有情虑之事，非如世间常语昼日想有此

事而后随而梦也。

［25］【张注】昼无情念，夜无梦寐。

［26］【张注】梦为鸟而戾于天，梦为鱼而潜于渊，此情化往复也。

［27］【张注】真人无往不忘，乃当不眠，何梦之有？此亦寓言以明理也。

【释文】几音岂。

【卢解】夫六情俱用，人以为实，意识独行，人以为虚者，同呼为幻。梦行人以为梦为实者，同呼为真。是曾不知觉亦神之运，梦亦神之行。信一不信一，是不达者也。若自忘则不梦，岂有别理者乎？

　　西极之南隅有国焉。[1]不知境界之所接，名古莽之国。[2]阴阳之气所不交，故寒暑亡辨；[3]日月之光所不照，故昼夜亡辨。其民不食不衣而多眠。五旬一觉，以梦中所为者实，觉之所见者妄。四海之齐谓中央之国，[4]跨河南北，[5]越岱东西，万有馀里。其阴阳之审度，故一寒一暑；昏明之分察，故一昼一夜。[6]其民有智有愚，万物滋殖，才艺多方。有君臣相临，礼法相持。其所云为不可称计。一觉一寐，以为觉之所为者实，梦之所见者妄。东极之北隅有国曰阜落之国。[7]其土气常燠，[8]日月馀光之照。其土不生嘉苗，其民食草根木实，不知火食，性刚悍，强弱相藉，[9]贵胜而不尚义。多驰步，少休息，常觉而不眠。[10]

［1］【释文】"隅"作"嵎"：嵎与隅同。

［2］【释文】莽，莫朗切。

［3］【释文】亡音无，下同。

［4］【张注】即今四海之内。

［5］【释文】跨，苦化切。

［6］【释文】分，符问切。

［7］【释文】阜音妇。

［8］【释文】燠音郁。

［9］【释文】藉音陵。

［10］【张注】方俗之异，犹觉梦反用，动寝殊性，各适一方，未足相非者也。

【卢解】故举此二国之异，而神之可会者未尝殊也。故知神理之契运，不明梦觉衣食。苟嗜欲之不忘，则情系于俗矣。

周之尹氏大治产，[1]其下趣役者侵晨昏而弗息。[2]有老役夫筋力竭矣，而使之弥勤。昼则呻呼而即事，[3]夜则昏惫而熟寐。[4]精神荒散，昔昔梦为国君。[5]居人民之上，总一国之事。游燕宫观，[6]恣意所欲，其乐无比。[7]觉则复役。[8]人有慰喻其勤者。役夫曰：“人生百年，昼夜各分。[9]吾昼为仆虏，苦则苦矣，夜为人君，其乐无比。何所怨哉？”尹氏心营世事，虑锺家业，心形俱疲，夜亦昏惫而寐。昔昔梦为人仆，趋走作役，无不为也，数骂杖挞，无不至也。眠中喑呓呻呼，[10]彻旦息焉。尹氏病之，以访其友。友曰：“若位足荣身，资财有馀，胜人远矣。夜梦为仆，苦逸之复，数之常也。[11]若欲觉梦兼之，岂可得邪？”尹氏闻其友言，宽其役夫之程，减己思虑之事，[12]疾并少间。[13]

［1］【释文】治音持。

［2］【释文】趣音趋，下同。

［3］【释文】呻呼音申吟，下同。

［4］【释文】愆，蒲介切。

［5］【释文】昔昔，夜夜也。

［6］【释文】燕音宴。观，古乱切。

［7］【释文】乐音洛。

［8］【释文】觉音教，下同。

［9］【张注】分，半也。

［10］【张注】啽，吾南反。呓音艺。

【释文】啽，吾南切。呓音诣。啽呓呻吟，并寐语也。

［11］【张注】夫盛衰相袭，乐极哀生，故觉之所美，梦或恶焉。

【释文】恶，乌路切。

［12］【释文】思音四。

［13］【张注】此章亦明觉梦不异，苦乐各适一方，则役夫勩于昼而逸于夜，尹氏荣于昼而辱于夜。理苟不兼，未足相跨也。

【释文】"跨"作"夸"：少间，病差也。夸音誇。

【卢解】夫劳形而逸其神者，则觉疲而梦安；劳神而役形者，则觉乐而梦苦。神者，生之主也，而人不知养神以安形；形者，神之器也，而人不知资形以逸神也。故形神俱劳，两过其分。若劳佚适中者，疾并少间矣。

郑人有薪于野者，遇骇鹿，御而击之，^[1]毙之。^[2]恐人见之也，遽而藏诸隍中，^[3]覆之以蕉。^[4]不胜其喜。^[5]俄而遗其所藏之处，遂以为梦焉。顺涂而咏其事。傍人有闻者，用其言而取之。既归，告其室人曰："向薪者梦得鹿而不知其处，吾今得之，彼直真梦矣。"室人曰："若将是梦见薪者之得鹿邪？诣有薪者邪？今真得鹿，是若之梦真邪？"夫曰："吾据得鹿，何用知彼梦我梦邪？"薪者之归，不厌失鹿。[6]其夜真梦藏之之处，又梦得之之主。爽旦，案所梦而寻得之。遂讼而争之，归之士师。[7]士师曰："若初真得鹿，妄谓之梦，真梦得鹿，妄谓之实。彼真取若鹿，而与若争鹿。室人又谓梦仞人鹿，[8]无人得鹿。今据有此鹿，请二分之。"以闻郑君。郑君曰："嘻！[9]士师将复梦分人鹿乎？"[10]访之国相。[11]国相曰："梦与不梦，臣所不能辨也。欲辨觉梦，唯黄帝孔丘。[12]今亡黄帝孔丘，[13]孰辨之哉？且恂士师之言可也。"[14]

[1]【张注】御，迎。

【释文】御音讶，迎也。

[2]【释文】毙音币。

[3]【释文】隍音黄，无水池也。

[4]【释文】蕉与樵同。

[5]【释文】胜音升。

[6]【释文】厌音恹，又於艳切。

[7]【释文】士师，掌五禁之法者。

[8]【释文】仞，一本作"认"。

[9]【释文】嘻音熙。

[10]【释文】复，扶又切。

[11]【释文】相，息亮切。

[12]【张注】圣人之辨觉梦何邪？直知其不异耳。

【释文】邪，似遮切。直或作真。

[13]【释文】亡音无。

[14]【张注】恂，信也，音荀。因喜怒而迷惑，犹不复辨觉梦之虚实，况本无觉梦也？

【释文】恂音荀，信也。

【卢解】夫以为梦者，但妄识耳。神识之不审，则为妄梦焉。傍闻而取鹿者，亦不审也，此复为梦矣。得鹿者又梦而求鹿，以经狱官焉。其皆不审也，妄情同焉，故二分之。能了其妄者，其唯圣人乎！若时无圣人，事无的当，故士师之以不了断不了，更为妄焉。

　　宋阳里华子中年病忘，[1]朝取而夕忘，夕与而朝忘；在涂则忘行，在室则忘坐；今不识先，后不识今。阖室毒之。[2]谒史而卜之，弗占；谒巫而祷之，弗禁；谒医而攻之，弗已。鲁有儒生自媒能治之，华子之妻子以居产之半请其方。儒生曰："此固非卦兆之所占，[3]非祈请之所祷，[4]非药石之所攻。[5]吾试化其心，变其虑，庶几其瘳乎！"[6]于是试露之，而求衣；饥之，而求食；幽之，而求明。[7]儒生欣然告其子曰："疾可已也。然吾之方密，[8]传世不以告人。试屏左右，独与居室七日。"从之。[9]莫知其所施为也，[10]而积年之疾一朝都除。[11]华子既悟，乃大怒，黜妻罚子，操戈逐儒生。[12]宋人执而问其以。华子曰："曩吾忘也，荡荡然不觉天地之有无。今顿识既往，数十年来存亡、得失、哀乐、好恶，扰扰万绪起矣。[13]吾恐将来之存亡、得失、哀乐、好恶之乱吾心如此也，须臾之忘，可复得乎？"[14]子贡闻而怪之，以告孔子。孔子曰："此非汝所及乎！"顾谓颜回纪之。[15]

　　[1]【释文】华，胡化切。忘音望，不记事也。

　　[2]【释文】阖，胡腊切。毒，苦也。

　　[3]【张注】夫机理萌于彼，蓍龟感于此，故吉凶可因卦兆而推，情匿可假象数而寻。今忘者之心，泊尔钧于死灰，廓焉同乎府宅，圣人将无所容其鉴，岂卦兆之所占？

　　【释文】蓍音尸。匿，昵力切。泊音魄。鉴音鑑。

〔4〕【张注】夫信顺之可以祈福庆，正诚之可以消邪伪，自然之势也。故负愧於神明，致怨於人理者，莫不因兹以自极。至于情无专惑，行无狂僻，则非祈请之所祷也。

【释文】"自极"作"自拯"：拯，蒸上声，本作"极"。行，下孟切。僻音僻。

〔5〕【张注】疢痾结于府藏，疾病散于肌体者，必假脉诊以察其盈虚，投药石以攻其所苦。若心非嗜欲所乱，病非寒暑所伤，则医师之用宜其废也。

【释文】疢音救。痾音阿。藏，才浪切。诊，止忍切。

〔6〕【张注】大忘者都无心虑，将何所化？此义自云易令有心，反令有虑，盖辞有左右耳。

【释文】瘳，丑鸠切。

〔7〕【张注】先夺其攻己之物以试之。

〔8〕【释文】然吾之方密为句。

〔9〕【释文】从音纵。

〔10〕【张注】儒者之多方，固非一涂所验也。

〔11〕【张注】上句云使巫医术之所绝思而儒生独能已其所病者，先引华子之忘同于自然，以明无心之极，非数术而得复推，儒生之功有过史巫者，明理不冥足，则可以多方相诱。又欲令忘者之悟知曩之忘怀，实几乎至理也。

【释文】思音四。

【卢解】《老子》曰："为学日益，为道日损。损之又损，以至于无为。"华子学道而忘其有，儒生学有以益其知。益其知者，是非必辩于目前；忘其有者，得丧不入于天府。岂占卜、医药所能瘥之哉？于是儒生以多方诱其心，是非惑其虑。华子于是失道而后德，失德而后是非交驰于胸中，故坐忘之道失矣。

〔12〕【释文】操，七刀切。

〔13〕【释文】数，色主切。乐音洛。好，呼报切。恶，乌路切。

[14]【张注】疾病与至理相似者犹能若斯，况体极乎？

【释文】复，扶又切。

【卢解】华子思反真而无从也，故怒其妻子以逐儒生也。

[15]【张注】此理亦当是赐之所逮，所以抑之者，欲寄妙赏于大贤耳。

【释文】"妙赏"作"妙当"：当，丁浪切，一本作"赏"。

【卢解】子贡辩学之士，进取强学者也，故曰此非汝所及也。颜回好学亚圣，不违于仁者也，故令颜回记之者，用明道于大贤耳。

　　秦人逢氏有子，[1]少而惠，[2]及壮而有迷罔之疾。[3]闻歌以为哭，视白以为黑，飨香以为朽，[4]尝甘以为苦，行非以为是。意之所之，天地、四方，水火、寒暑，无不倒错者焉。[5]杨氏告其父曰："鲁之君子多术艺，将能已乎？汝奚不访焉？"其父之鲁，过陈，[6]遇老聃，因告其子之证。老聃曰："汝庸知汝子之迷乎？今天下之人皆惑于是非，昏于利害。同疾者多，固莫有觉者。且一身之迷不足倾一家，一家之迷不足倾一乡，一乡之迷不足倾一国，一国之迷不足倾天下。天下尽迷，孰倾之哉？向使天下之人其心尽如汝子，[7]汝则反迷矣。哀乐、声色、臭味、是非，孰能正之？[8]且吾之此言未必非迷，而况鲁之君子，迷之邮者，[9]焉能解人之迷哉？[10]荣汝之粮，不若遄归也。"[11]

[1]【释文】"逢"作"逢"：逢音庞。

[2]【释文】少，诗照切。

[3]【张注】惠非迷也，而用惠之弊必于迷焉。

【释文】罔，文两切。

[4]【张注】《月令》曰：其臭朽。

　　[5]【卢解】夫矜于小智者，人以为慧；体道保和者，人以为愚。夫齐声色、忘水火者，非俗人之所辩，故以道为迷罔焉。

　　[6]【释文】过音戈。

　　[7]【释文】"向"作"乡"：乡音向。

　　[8]【释文】乐音洛。

　　[9]【张注】鲁之君子盛称仁义，明言是非，故曰迷之邮者也。

　　【释文】邮音尤。

　　[10]【释文】焉，於虔切。

　　[11]【张注】荣，弃也。此章明是非之理未可全定，皆众寡相倾以成辨争也。

　　【释文】遄，士缘切。争音诤。

　　【卢解】荣，弃也。天下俗士甚多，悟道者少。众迷以嗤独智，翻以为迷。故《老子》云："下士闻道大笑之。不笑不足以为道也。"今欲使赵竞之士正其是非者，失道弥远矣。鲁之儒生于忘形保神之道乃迷之甚者也，何能晓人之迷？尔不如弃汝路粮速归矣。

　　燕人生于燕，长于楚，[1]及老而还本国。过晋国，[2]同行者诳之，[3]指城曰："此燕国之城。"其人愀然变容。[4]指社曰："此若里之社。"乃喟然而叹。[5]指舍曰："此若先人之庐。"乃涓然而泣。[6]指垄曰："此若先人之冢。"其人哭不自禁。[7]同行者哑然大笑，曰：[8]"予昔绐若，[9]此晋国耳。"其人大惭。及至燕，真见燕国之城社，真见先人之庐冢，悲心更微。[10]

　　[1]【释文】长，张丈切。

　　[2]【释文】过音戈。

　　[3]【释文】诳，九况切。

［4］【释文】愀，七小切。

［5］【释文】喟，丘愧切。

［6］【释文】涓，音泫，胡犬、胡绢二切。

［7］【释文】禁音金。

［8］【释文】哑，乌陌切。

［9］【释文】绐音待，欺也。

［10］【张注】此章明情有一至，哀乐既过，则向之所感皆无欣戚者也。

【释文】微，少也，作"彻"者误。

【卢解】夫人性相近习相远者，各随其情习所安也。生于燕者，未离其本也；长于楚者，安于所习也。所归于本而不之识，故伪薄者是人得之焉将所似而诱之，信者于是生惑也。反知不实，忘情以生惭。纵得见真，仍以为薄者，是非皆不相了，因人以惑其情焉。况今之君子，咸妄执晋国之城社也，宁知养神反本之至道哉？

仲尼^[1]第四

　　仲尼闲居，^[2]子贡入侍，^[3]而有忧色。子贡不敢问，^[4]出告颜回。^[5]颜回援琴而歌。^[6]孔子闻之，果召回入，问曰：“若奚独乐？”^[7]回曰：“夫子奚独忧？”^[8]孔子曰：“先言尔志。”曰：“吾昔闻之夫子曰：‘乐天知命故不忧’，回所以乐也。”^[9]孔子愀然有间曰：^[10]“有是言哉？^[11]汝之意失矣。^[12]此吾昔日之言尔，请以今言为正也。^[13]汝徒知乐天知命之无忧，未知乐天知命有忧之大也。^[14]今告若其实：修一身，任穷达，知去来之非我，亡变乱于心虑，^[15]尔之所谓乐天知命之无忧也。^[16]曩吾修诗书，正礼乐，^[17]将以治天下，遗来世，^[18]非但修一身，治鲁国而已。^[19]而鲁之君臣日失其序，仁义益衰，情性益薄。此道不行一国与当年，其如天下与来世矣？^[20]吾始知诗书、礼乐无救于治乱，而未知所以革之之方。此乐天知命者之所忧。^[21]虽然，吾得之矣。夫乐而知者，非古人之所谓乐知也。^[22]无乐无知，是真乐真知。^[23]故无所不乐，无所不知，无所不忧，无所不为。^[24]诗书、礼乐，何弃之有？革之何为？”^[25]颜回北面拜手曰：“回亦得之矣。”^[26]出告子贡，子贡茫然自失，^[27]归家淫思七日，不寝不食，以至骨立。^[28]颜回重往喻之，乃反丘门，弦歌诵书，终身不辍。^[29]

［1］【张注】智者不知而自知者也。忘智故无所知，用智则无所能。知体神而独运，忘情而任理，则寂然玄照者也。

【释文】"忘情"作"去情"：去，丘吕切，一本作"忘"。

【卢解】此篇言证无为之道者，方可无所不为。世人但见圣人之迹，而不知所证之本也。学者徒知绝情之始，而不知皆济之用。皆失其中也。

［2］【释文】仲尼，鲁国曲阜县人。颜氏祷尼丘山生，因名，字仲尼，周灵王二十一年庚戌岁生。间音闲。

［3］【释文】子贡，端木赐，卫人，字子贡。利口巧辞。

［4］【张注】子贡虽不及性与天道，至于夫子文章究闻之矣。圣人之无忧，常流所不及，况于赐哉？所以不敢问者，将发明至理，推起予于大贤，然后微言乃宣耳。

［5］【释文】颜回，鲁人，字子渊。

［6］【释文】援音袁。

［7］【释文】乐音洛。

［8］【张注】回不言欲宣问，故弦歌以激发夫子之言也。

［9］【张注】天者，自然之分；命者，穷达之数也。

【释文】分，符问切，下同。

［10］【释文】愀，七小切。愀然，变色少时。

［11］【张注】将明此言之不至，故示有疑间之色。

［12］【释文】"失"作"夹"：夹音狭，一本作"失"。

［13］【张注】昔日之言，因事而兴；今之所明，尽其极也。

［14］【张注】无所不知，无所不乐，无所不忧，故曰大也。

［15］【释文】亡音忘，一本作"止"。

［16］【张注】此直能定内外之分，辨荣辱之境，如斯而已，岂能无可无不可哉？

【卢解】夫乐乎天知乎命而不忧戚者，是时济之道，非应用救物之事焉。仲尼曰：吾昔有此言，今则异于昔。

［17］【释文】曩，乃朗切。乐音岳，下同。

［18］【张注】诗书礼乐，治世之具，圣人因而用之，以救一时之弊。用失其道，则无益于理也。

【释文】遗，唯季切。

［19］【张注】夫圣人智周万物，道济天下。若安一身，救一国，非所以为圣也。

［20］【张注】治世之术实须仁义。世既治矣，则所用之术宜废。若会尽事终，执而不舍，则情之者寡而利之者众。衰薄之始，诚由于此。以一国而观天下，当今而观来世，致弊岂异？唯圆通无阂者，能惟变所适，不滞一方。

【释文】治，直吏切，下治乱同。舍音捨。阂音碍。

［21］【张注】唯弃礼乐之失，不弃礼乐之用，礼乐故不可弃，故曰，未知所以革之之方。而引此以为忧者，将为下义张本，故先有此言耳。

【释文】为，于伪切。

【卢解】非诗书、礼乐不足以为治天下之法，而世之理论不由诗书、礼乐所能救焉。若去其法，又无以为礼之本也。此唯有道者之所深忧。

［22］【张注】《庄子》曰："乐穷通物非圣人。"故古人不以无乐为乐，亦不以无知为知。任其所乐，则理自无乐；任其所知，则理自无知。

［23］【张注】都无所乐，都无所知，则能乐天下之乐，知天下之知，而我无心者也。

［24］【张注】居宗体备，故能无为而无不为也。

［25］【张注】若欲捐诗书、易治术者，岂救弊之道？即而不去，为而不恃，物自全矣。

【释文】捐音缘。

【卢解】知天命之所无可奈何而安其分以不忧者，君子之常心也。古之开物成务，济人利俗，则不然也。不安其乐，不任其知，先天而不违，后天而奉天时，是真乐真知也。若然者，故无不乐，无不知，故能无所不为矣。岂复委任之哉？是以诗书、礼乐诚可以助化之本也，革之者何为乎？

［26］【张注】所谓不违如愚者也。

［27］【张注】未能尽符至言，故遂至自失也。

［28］【张注】发愤思道，忘眠食也。

［29］【张注】既悟至理，则忘馀事。

【卢解】颜生亚圣之道，不违闻而得之矣。子贡因诗书以为智，故为言而失其所宗。回重喻之，乃悟为学之益，不知日损之道也。

　　陈大夫聘鲁，[1]私见叔孙氏。叔孙氏曰："吾国有圣人。"曰："非孔丘邪？"曰："是也。""何以知其圣乎？"[2]叔孙氏曰："吾常闻之颜回，[3]曰：'孔丘能废心而用形。'"[4]陈大夫曰："吾国亦有圣人，子弗知乎？"曰："圣人孰谓？"曰："老聃之弟子有亢[5]仓子者，[6]得聃之道，[7]能以耳视而目听。"[8]鲁侯闻之大惊，[9]使上卿厚礼而致之。亢仓子应聘而至。[10]鲁侯卑辞请问之。亢仓子曰："传之者妄。[11]我能视听不用耳目，不能易耳目之用。"[12]鲁侯曰："此增异矣。其道奈何？寡人终愿闻之。"[13]亢仓子曰："我体合于心，[14]心合于气，[15]气合于神，[16]神合于无。[17]其有介然之有，唯然之音，[18]虽远在八荒之外，近在眉睫之内，[19]来干我者，我必知之。[20]乃不知是我七孔四支之所觉，心腹六藏之所知，[21]其自知而已矣。"[22]鲁侯大悦。他日以告仲尼，仲尼笑而不答。[23]

［1］【释文】聘，匹正切。

［2］【张注】至哉此问！夫圣人之道绝于群智之表，万物所不窥拟，见其会通之迹，因谓之圣耳。岂识所以圣也？

［3］【张注】至哉此答！自非体二备形者，何能言其髣髴，瞻其先后乎？以颜子之量，犹不能为其称谓，况下斯者乎？

【释文】佛，芳味切。量音亮。称，尺证切，下同。

［4］【张注】此颜回之辞。夫圣人既无所废，亦无所用。废用之称，亦因事而生耳。故俯仰万机，对接世务，皆形迹之事耳。冥绝而灰寂者，固泊然而不动矣。

【释文】泊音魄。下同。

【卢解】圣人应物而生，济时用，导群有以示迹，不显真以化凡焉。

［5］【张注】古郎反，又音庚。

［6］【释文】亢仓音庚桑，名楚，《史记》作亢仓子。贾逵《姓氏英览》云：吴郡有庚桑姓，称为士族。

［7］【张注】老聃犹不言自得其道，亢仓于何得之？盖寄得名以明至理之不绝于物理者耳。

［8］【张注】夫形质者，心智之室宇。耳目者，视听之户牖。神苟彻焉，则视听不因户牖，照察不阂墙壁耳。

［9］【张注】不怪仲尼之用形，而怪耳目之易任。迹同于物，故物无骇心。

［10］【张注】泛然无心者，无东西之非己。

［11］【释文】传，丈专切。

［12］【张注】夫易耳目之用者，未是都无所用。都无所用者，则所假之器废也。

【卢解】夫耳目者，视听之器也，唯神能用之。若神不在焉，则死人之耳目不能视听矣。亢仓子知人之所能，故不用耳目为视听之主矣。是命耳见而目闻耶？此乃传者不晓，因妄为说耳也。

［13］【卢解】鲁侯仍未了此意，更以为增加奇异焉，固请其道矣。

［14］【张注】此形智不相违者也。

［15］【张注】此又远其形智之用，任其泊然之气也。

［16］【张注】此寂然不动，都忘其智。智而都忘，则神理独运，感无不通矣。

［17］【张注】同无则神矣，同神则无矣。二者岂有形乎？直有其智者不得不亲无以自通，忘其心者则与无而为一也。

【卢解】夫体既有质而成碍，心则有系而成执。体合于心者，不在于形碍而在封执也。故气之于心，虽动而无所执，故心合于气者，不在封执而在于动用也。故气合于神者，不在于动而在于了识也。神之于无则妙绝有形，故不在于了识而在于冥真矣。

［18］【释文】唯，唯癸切。

［19］【释文】睫音接。

［20］【张注】唯豁然之无不干圣虑耳。涉于有分，神明所照，不以远近为差也。

【释文】豁，火活切。分，扶问切。

［21］【释文】藏，徂浪切。心、肺、肝、脾、肾谓之五藏。今六藏者，为肾有两藏：其左为肾，右为命门。命门者，谓神之所舍也。男子以藏精，女子以系胞。其氘与肾通，故言藏有六也。

［22］【张注】所适都忘，岂复觉知之至邪？

【卢解】是故有形有音，无远无近，来干我者，皆能知之，都不用四支七窍，如明镜高悬，朗然自照，岂运其耳目也哉？

［23］【张注】亢仓言之尽矣，仲尼将何所云。今以不答为答，故寄之一笑也。

【卢解】寄之一笑者，得忘言之旨也。

　　商太宰见孔子曰：[1]"丘圣者欤？"孔子曰："圣则丘何敢，[2]然则丘博学多识者也。"[3]商太宰曰："三王圣者欤？"孔子曰："三王善任智勇者，圣则丘弗知。"曰："五帝圣者欤？"孔子曰："五帝善任仁义者，圣则丘弗知。"曰："三皇圣者欤？"孔子曰："三皇善任因时者，圣则丘弗知。"[4]商太宰大骇，[5]曰："然则孰者为圣？"孔子动容有间，曰："西方之人[6]有圣者焉，不治而不乱，[7]不言而自信，[8]不化而自行，[9]荡荡乎民无能名焉。[10]丘疑其为圣。弗知真为圣欤？真不圣欤？"[11]商太宰嘿然心计曰："孔丘欺我哉！"[12]

　　[1]【释文】"商太宰"作"商大宰"：大音泰。商，宋国也。宋都商丘，故二名焉。大宰，官名。

　　[2]【张注】世之所谓圣者，据其迹耳，岂知所以圣、所以不圣者哉？

　　[3]【张注】示现博学多识耳，实无所学，实无所识也。

　　【释文】"示现"作"示见"：见，贤遍切。

　　[4]【张注】孔丘之博学，汤武之干戈，尧舜之揖让，羲农之简朴，此皆圣人因世应务之粗迹，非所以为圣者。所以为圣者，固非言迹之所逮者也。

　　【释文】朴，片角切。

　　【卢解】将明大道之非迹也。代人所诠者，徒知其迹耳，故夫子因众人之所常见欲明至真之圣人也。

　　[5]【张注】世之所谓圣者，孔子皆云非圣，商太宰所以大骇也。

　　[6]【张注】圣岂有定所哉？趣举绝远而言之也。

　　[7]【张注】不以治治之，故不可乱也。

　　【释文】治，直吏切。下治之同。

［8］【张注】言者不信。

［9］【张注】为者则不能化。此能尽无为之极也。

［10］【张注】何晏《无名论》曰："为民所誉，则有名者也。无誉，无名者也。若夫圣人，名无名，誉无誉，谓无名为道，无誉为大。则夫无名者，可以言有名矣；无誉者，可以言有誉矣。然与夫可誉可名者岂同用哉？此比于无所有，故皆有所有矣。而于有所有之中，当与无所有相从，而与夫有所有者不同。同类无远而相应，异类无近而不相违。譬如阴中之阳，阳中之阴，各以物类自相求从。夏日为阳，而夕夜远与冬日共为阴；冬日为阴，而朝昼远与夏日同为阳。皆异于近而同于远也。详此异同，而后无名之论可知矣。凡所以至于此者何哉？夫道者，惟无所有者也。自天地已来皆有所有矣，然犹谓之道者，以其能复用无所有也。故虽处有名之域，而没其无名之象，由以在阳之远体，而忘其自有阴之远类也。"夏侯玄曰："天地以自然运，圣人以自然用。自然者，道也。道本无名，故老氏曰强为之名。仲尼称尧荡荡无能名焉。下云巍巍成功，则强为之名，取世所知而称耳。岂有名而更当云无能名焉者邪？夫唯无名，故可得徧以天下之名名之，然岂其名也哉？惟此足喻而终莫悟，是观泰山崇崛而谓元气不浩芒者也。"

【释文】强，其两切。为，于伪切。徧与遍同。崛，兼勿切。芒音茫。

［11］【张注】圣理冥绝，故不可拟言，唯疑之者也。

［12］【张注】此非常识所及，故以为欺罔也。

【释文】嘿音墨。

【卢解】夫立迹以崇教，明行以兴化者，皆救俗之贤圣耳。若夫体大道者，覆载如天地，化行若四时，不见有可治而不可乱者，不假立言而为信者，沛然而泽利万物，哀然而含识皆生，荡荡难明。此为圣者，寄之于方所立言以辩之，犹恐未至也，故以疑似而遣言，斯乃太宰所不知，以为夫子诳之耳。

子夏问孔子曰："颜回之为人奚若？"子曰："回之仁贤于丘也。"曰："子贡之为人奚若？"子曰："赐之辩贤于丘也。"曰："子路之为人奚若？"子曰："由之勇贤于丘也。"曰："子张之为人奚若？"子曰："师之庄贤于丘也。"[1]子夏避席而问曰："然则四子者何为事夫子？"曰："居！吾语汝。[2]夫回能仁而不能反，[3]赐能辩而不能讷，[4]由能勇而不能怯，[5]师能庄而不能同。[6]兼四子之有以易吾，吾弗许也。[7]此其所以事吾而不贰也。"[8]

［1］【张注】犹矜庄。

［2］【释文】语，鱼据切。

［3］【张注】反，变也。夫守一而不变，无权智以应物，则所适必阂矣。

【卢解】可与适道，未可与权。

［4］【释文】讷，奴忽切。

【卢解】有进取之能，未阶乎道也。

［5］【卢解】但知其雄，不能守其雌也。

［6］【张注】辩而不能讷，必亏忠信之实；勇而不能怯，必伤仁恕之道；庄而不能同，有违和光之义。此皆滞于一方也。

【卢解】自守矜严，不能同物，失于和也。

［7］【张注】四子各是一行之极，设使兼而有之，求变易吾之道，非所许。

【释文】行，下孟切。

［8］【张注】会同要当寄之于圣人，故欲罢而不能也。

【释文】贰，疑也。要，一遥切。

【卢解】兼有仁辩严勇，吾且不与之易，况不能兼之？夫子能兼四子之不能也，故事我而不贰心矣。此论道之大者，更在其行藏之卷耳。

子列子既师壶丘子林，[1]友伯昏瞀人，[2]乃居南郭。[3]从之处者，日数而不及。[4]虽然，子列子亦微焉。[5]朝朝相与辩，无不闻。[6]而与南郭子连墙二十年，不相谒请。[7]相遇于道，目若不相见者。[8]门之徒役以为子列子与南郭子有敌不疑。[9]有自楚来者，问子列子曰："先生与南郭子奚敌？"子列子曰："南郭子貌充心虚，耳无闻，目无见，口无言，心无知，形无惕。[10]往将奚为？[11]虽然，试与汝偕往。"阅弟子四十人同行。[12]见南郭子，果若欺魄焉，而不可与接。[13]顾视子列子，形神不相偶，而不可与群。[14]南郭子俄而指子列子之弟子末行者与言，[15]衎衎然若专直而在雄者。[16]子列子之徒骇之。[17]反舍，咸有疑色。[18]子列子曰："得意者无言，进知者亦无言。[19]用无言为言亦言，无知为知亦知。[20]无言与不言，无知与不知，亦言亦知。[21]亦无所不言，亦无所不知；亦无所言，亦无所知。[22]如斯而已。汝奚妄骇哉？"[23]

[1]【张注】日损之师。

[2]【释文】瞀，莫侯切。

[3]【释文】乃居，一本作"反居"。

[4]【张注】来者相寻，虽复日日料简，犹不及尽也。

【释文】数，色主切。料音聊。

[5]【张注】列子亦自不知其数也。

[6]【张注】师徒相与讲肄，闻于远近。

【卢解】来者既多，列子亦不知其数，日日谈讲圣人之迹，无不闻也。

[7]【张注】其道玄合，故至老不相往来也。

[8]【张注】道存则视废也。

〔9〕【张注】敌，仇。

【卢解】众疑有仇怨，见不相往来也。

〔10〕【释文】惕，他历切。

〔11〕【张注】充犹全也。心虚则形全矣，故耳不惑声，目不滞色，口不择言，心不用知，内外冥一，则形无震动也。

【卢解】貌全而心至，终不耳目心口之为辩也，故心无所用知，形无所忧惕。

〔12〕【张注】此行也岂复简优劣计长短？数有四十，故直而记之也。

【释文】阅音悦。

〔13〕【张注】欺魄，土人也。一说云：欺頼。神凝形丧，外物不能得窥之。

【释文】魄，片各切。字书作顚頼，人面丑也。頼，片各切。丧，息浪切。

〔14〕【张注】神役形者也。心无思虑，则貌无动用，故似不相摄御，岂物所得群也？

【释文】思音四。

【卢解】阅简弟子往见之，果若欺魄为像人，若今之欺头者，形神不可与接也。

〔15〕【张注】偶在末行，非有贵贱之位。遇感而应，非有心于物也。

【释文】行，户郎切。

〔16〕【张注】夫理至者无言。及其有言，则彼我之辩生矣。圣人对接俯仰，自同于物，故观其形者，似求是而尚胜也。

【释文】衔，口汗切。在雄，一本作"存雄"。

【卢解】末行者，情未忘于是非耳。衔衔然，求胜之气耳。

〔17〕【张注】见其尸居，则自同土木；见其接物，则若有是非。所以惊。

【释文】"骇"作"馯"：馯与骇同。

[18]【张注】欲发列子之言。

【卢解】疑其未忘胜负之心。

[19]【张注】穷理体极，故言意兼忘。

【释文】进音尽。

[20]【张注】方欲以无言废言，无知遣知，希言傍宗之徒固未免于言知也。

[21]【张注】比方亦复欲全自然，处无言无知之域，此即复是遣无所遣，知无所知。遣无所遣者，未能离遣；知无所知者，曷尝忘知？固非自然而忘言知也。

【释文】离，力智切。

[22]【张注】夫无言者，有言之宗也；无知者，有知之主也。至人之心豁然洞虚，应物而言，而非我言。即物而知，而非我知。故终日不言，而无玄默之称；终日用知，而无役虑之名。故得无所不言，无所不知也。

【释文】称，尺证切。

[23]【张注】不悟至妙之所会者更粗，至高之所适者反下，而便怪其应寂之异容，动止之殊貌，非妄惊如何？

【卢解】至知之与意，两俱忘言也。若优劣不等，则须用言以导之。用无言之言、无知之知，亦何异乎言之与知？虽然，有道自当辩之，则未尝言，未尝不言；未尝知，未尝不知。理正合如此而已，汝何妄怪哉？

　　子列子学也，[1]三年之后，心不敢念是非，口不敢言利害，始得老商一眄而已。[2]五年之后，心更念是非，口更言利害，老商始一解颜而笑。七年之后，从心之所念，[3]更无是非；从口之所言，更无利害。夫子始一引吾并席而坐。[4]九年之后，横心之所念，[5]横口之所言，亦不知我之是非利害欤，亦不知彼之是非利害欤，外内进矣。[6]而后眼如耳，耳如鼻，鼻如口，口无不同。心凝形释，骨肉都融，不觉形之所倚，足之所履，心之所念，言之所藏。如斯而已。则理无所隐矣。[7]

[1]【张注】上章云，列子学乘风之道。

[2]【释文】眄音麫，斜视也。

[3]【释文】从音纵。

[4]【张注】眄笑并坐，似若有褒贬升降之情。夫圣人之心，应事而感，以外物少多为度，岂定于一方哉？

[5]【释文】横去声。

[6]【释文】进音尽。

[7]【张注】《黄帝篇》已有此章，释之详矣。所以重出者，先明得性之极，则乘变化而无穷；后明顺心之理，则无幽而不照。二章双出，各有攸趣，可不察哉？

【释文】重，柱用切。

【卢解】《老子》曰："大智若愚，大辩若讷。"人徒知言知之为异，不知夫不言不知之为同，故《黄帝篇》中明用无言之言以济人，此篇复重论言，明用言之不殊于无矣。

初，子列子好游。[1]壶丘子曰："御寇好游，游何所好？"列子曰："游之乐所玩无故。[2]人之游也，观其所见；我之游也，观其所变。[3]游乎游乎！未有能辨其游者。"[4]壶丘子曰："御寇之游固与人同欤，而曰固与人异欤？凡所见，亦恒见其变。[5]玩彼物之无故，不知我亦无故。[6]务外游，不知务内观。[7]外游者，求备于物；内观者，取足于身。取足于身，游之至也；求备于物，游之不至也。"[8]于是列子终身不出，自以为不知游。[9]壶丘子曰："游其至乎！[10]至游者，不知所适；至观者，不知所眂。[11]物物皆游矣，物物皆观矣，[12]是我之所谓游，是我之所谓观也。[13]故曰：游其至矣乎！游其至矣乎！"[14]

[1]【释文】好，呼报切，下同。

[2]【张注】言所适常新也。

【释文】乐音洛。

[3]【张注】人谓凡人、小人也，惟观荣悴殊观以为休戚，未觉与化俱往，势不暂停。

【释文】悴，疾醉切。

[4]【张注】人与列子游则同，所以游则异，故曰游乎游乎。明二观之不同也。未有辨之者，言知之者鲜。

【释文】鲜，息浅切。

【卢解】覩物之变，迁谢无恒。人但乐其见，吾观其化，此所以异于人。

[5]【张注】苟无暂停之处，则今之所见常非向之所见，则观所以见，观所以变，无以为异者也。

[6]【张注】彼之与我与化俱往。

[7]【释文】不知，一本作"不如"。观，古乱切。谛，眹也。

[8]【张注】人虽七尺之形，而天地之理备矣。故首圆足方，取象二仪；鼻隆口㓓，比象山谷。肌肉连于土壤，血脉属于川渎，温蒸同乎炎火，气息不异风云。内观诸色，靡有一物不备，岂须仰观俯察，履凌朝野，然后备所见？

【释文】㓓，乌瓜切。蒸音证。

【卢解】汝自以异于人，人之所视，未尝异汝也。何者？汝知物知物之变迁，不知汝之无故。但外游而不内观，虽感物而亡身，斯为至矣，亦何必求备于外游乎？

[9]【张注】既闻至言，则废其游观。不出者，非自匿于门庭者也。

【释文】匿，尼力切。

[10]【张注】向者难列子之言游也，未论游之以至，故重叙也。

【释文】难，乃旦切。重，柱用切。

[11]【张注】内足于已，故不知所适；反观于身，固不知所眠。

【释文】"眠"作"眹"：眹音视。

[12]【张注】忘游故能遇物而游，忘观固能遇物而观。

[13]【张注】我之所是，盖是无所是耳。所适常通而无所凝滞，则我之所谓游观。

[14]【卢解】夫形无所适，目无注视，则物无不视而物无不游矣。若此游观者，真至游矣乎！

龙叔谓文挚曰：[1]"子之术微矣。吾有疾，子能已乎？"文挚曰："唯命所听。[2]然先言子所病之证。"[3]龙叔曰："吾乡誉不以为荣，国毁不以为辱，得而不喜，失而弗忧，视生如死，视富如贫，视人如豕，[4]视吾如人。[5]处吾之家，如逆旅之舍；[6]观吾之乡，如戎蛮之国。[7]凡此众疾，[8]爵赏不能劝，刑罚不能威，盛衰、利害不能易，哀乐不能移。[9]固不可事国君，交亲友，御妻子，制仆隶。[10]此奚疾哉？奚方能已之乎？"[11]文挚乃命龙叔背明而立，[12]文挚自后向明而望之。[13]既而曰："嘻！吾见子之心矣：方寸之地虚矣。几圣人也！子心六孔流通，一孔不达。[14]今以圣智为疾者，或由此乎！非吾浅术所能已也。"[15]

［1］【释文】挚音至。文挚，六国时人，尝医齐威王。或云：春秋时宋国良医也，曾治齐文王，使文王怒而病愈。

［2］【释文】听，平声。

［3］【卢解】文挚所医，止于藏府骨肉之疾耳。龙叔所说，忘形出俗之心耳。不与俗类，自以为疾焉。

［4］【张注】无往不齐，则视万物皆无好恶贵贱。

［5］【张注】忘彼我也。

［6］【张注】不有其家。

［7］【张注】天下为一。

［8］【释文】凡此众疾，一本作"众庶"，非是。

［9］【释文】乐音洛。

［10］【张注】夫人所以受制于物者，以心有美恶，体有利害。苟能以万殊为一贯，其视万物，岂觉有无之异？故天子所不能得臣，诸侯不能得友，妻子不能得亲，仆隶不能得狎也。

［11］【卢解】《庄子》曰："誉之不加劝，毁之不加沮，定乎内外之分，辩乎荣辱之境也。"夫契其神而忘其形者，则贫富、死生、人畜、彼此皆过客耳，夫何异哉？今用心之若此也，则君臣、朋友之道废，爱憎、喜怒之心绝矣，何方能愈之耶？

［12］【释文】背音佩。

［13］【释文】"文挚自后向明而望之"作"文挚后向明而望之"：一本文挚下加"从"及"自"字者，皆非也。

［14］【张注】旧说圣人心有七孔也。

［15］【卢解】背明而立者，反归于凡俗之虑也；向明而望者，仰侧至道之心也。方寸虚者，缘执书也；一孔不达者，未尽善也。夫七窍俱通者，宁复以圣智之道为病耶？此病非文挚所能止。

无所由而常生者，道也。[1] 由生而生，故虽终而不亡，

常也。[2]由生而亡，不幸也。[3]有所由而常死者，亦道
也。[4]由死而死，故虽未终而自亡者，亦常也。[5]由死而
生，幸也。[6]故无用而生谓之道，用道得终谓之常。[7]有
所用而死者亦谓之道，用道而得死者亦谓之常。[8]季梁之
死，杨朱望其门而歌。[9]随梧之死，杨朱抚其尸而哭。[10]
隶人之生，隶人之死，众人且歌，众人且哭。[11]

[1]【张注】忘怀任遇，通亦通，穷亦通，其无死地，此圣人之
道者也。

【卢解】至道常存，不由外物。

[2]【张注】《老子》曰："死而不亡者寿。"通摄生之理，不失
元吉之会，虽至于死，所以为生之道常存。此贤人之分，非能忘怀阇得
自然而全者也。

【释文】分，符问切。

【卢解】真常顺理，随形死生，而自不亡者，道之常也。

[3]【张注】役智求全，贵身贱物，违害就利，务内役外，虽之
于死，盖由于不幸也。

【卢解】贪有生而亡道者，不幸也。

[4]【张注】行必死之理，而之必死之地，此事实相应，亦自然
之道也。

【卢解】俗闻礼教之道必分而至死者。

[5]【张注】常之于死，虽未至于终，而生理已尽，亦是理之常
也。

【卢解】爱生死之身，行生死之教，而不存道，俗以为常。

[6]【张注】犯理违顺，应死而未及于此，此误生者也。

【释文】"由死而生幸也"作"由死而生不幸也"：本多无"不"
字，观上下文于理有阙，故特添之。

【卢解】居迁谢之业而节于嗜欲者，亦为知生之幸也。

［7］【张注】用圣人之道，存亡得理也。

［8］【张注】乘凶危之理，以害其身，亦道之常也。

【卢解】不役智以全者，道也；用此道而终者，常也。俗士役其智以至死，以为济物之道也。用此道而至死亦谓之常。众所乐者众为道，众所安者众为常。然则出离之道与世间之道，名同而实异也。

［9］【张注】尽生顺之道，以至于亡，故无所哀也。

［10］【张注】生不幸而死，故可哀也。

［11］【张注】隶犹群辈也。亦不知所以生，亦不知所以死，故哀乐失其中，或歌或哭也。

【释文】中，丁仲切。

【卢解】得全生之理而归尽者，圣贤所以不哀也；失真以丧理与至于死者，贤智所以伤也。凡众人之生死歌哭，皆物之常，何知其所至哉？

目将眇者，先睹秋毫；^[1]耳将聋者，先闻蚋飞；^[2]口将爽者，先辨淄渑；^[3]鼻将窒者，先觉焦朽；^[4]体将僵者，先亟犇佚，^[5]心将迷者，先识是非。^[6]故物不至者则不反。^[7]

［1］【释文】眇，亡少切。睹音覩。

【卢解】老人之视也远，则见近则昏，是失明之渐也。

［2］【释文】蚋，而锐切。

【卢解】秦呼蚊为蚋。患耳者闻耳中虫飞之声，是失聪之渐也。

［3］【张注】爽，差也。淄渑水异味，既合则难别也。

【释文】淄音缁，渑音乘。淄水出鲁郡莱芜县，渑水西自北海郡千乘县界流至寿光县，二水相合。《说符篇》曰：淄渑之合，易牙尝之。别，彼列切，下同。

【卢解】余陵反。二水名，在齐地。

［4］【张注】焦朽有节之气，亦微而难别也。

［5］【张注】僵，仆也。如颜渊知东野之御马将奔也，与人理亦然。

【释文】僵音姜。亟，去吏切。《方言》："亟，爱也。"犇佚音奔逸。仆音赴。

［6］【张注】目、耳、口、鼻、身、心此六者常得中和之道，则不可渝变。居亢极之势，莫不顿尽。故物之弊必先始于盈满，然后之于亏损矣。穷上反下，极盛必衰，自然之数。是以圣人居中履和，视目之所见，听耳之所闻，任体之所能，顺心之所识，故智周万物，终身全具者也。

【释文】渝音俞。亢与抗同。

【卢解】口失正味，则别有所辩；鼻失所闻，则别有所觉；体将僵仆，必先奔驰；心迷至道，在于是非。是非所以彰，道之所以亡。

［7］【张注】要造极而后还，故聪明强识皆为闇昧衰迷之所资。

【释文】造，七到切。还音旋。

【卢解】反其常执，则阶于至道矣。故曰视秋毫之末者不见太山，听蚊蚋之音者不闻雷震。故《庄子》曰：胶离朱之目，故天下皆明矣；戾工输之指，故天下皆巧矣。合儒墨之学，矜是非之名以为富，记糟粕之迹以为能，欲反于真，何方可致也？故《易》曰："无思也，无为也。寂然不动，感而遂通。"此圣人所以殷勤于至道也。

　　郑之圃泽多贤，[1]东里多才。[2]圃泽之役有伯丰子者，[3]行过东里，遇邓析。[4]邓析顾其徒而笑曰："为若舞。[5]彼来者奚若？[6]其徒曰："所愿知也。"[7]邓析谓伯丰子曰："汝知养养[8]之义乎？[9]受人养而不能自养者，犬豕之类也；养物而物为我用者，人之力也。使汝之徒食而饱，衣而息，执政之功也。^[10]长幼群聚而为牢藉庖厨之物，^[11]奚异犬豕之类乎？"伯丰子不应。^[12]伯丰子之从者越次而进曰：^[13]"大夫不闻齐鲁之多机乎？^[14]有善治土木者，有善治金革者，有善治声乐者，有善治书数者，有善治军旅者，有善治宗庙者，群才备也。而无相位者，无能相使者。^[15]而位之者无知，使之者无能，而知之与能为之使焉。^[16]执政者，乃吾之所使，子奚矜焉？"邓析无以应，目其徒而退。

[1]【张注】有道德而隐默者也。

【释文】圃泽，圃田也，在中牟县。

[2]【张注】有治能而参国政者。

【释文】治，直吏切。

【卢解】修崇道德者贤，习文审刑者才。

[3]【张注】役犹弟子。

[4]【张注】邓析，郑国辩智之士，执两可之说而时无抗者，作竹书，子产用之也。

【释文】过音戈。析音锡。

[5]【释文】为，于伪切。

[6]【张注】世或谓相嘲调为舞弄也。

【释文】嘲，张交切。调，徒吊切。

[7]【张注】知犹闻也。

【释文】知，一本作"如"。

【卢解】邓析自矜于其同侣，为而欲欺弄于伯丰，析之门人咸愿如此也。

[8]【张注】上音余亮，下音余赏。

[9]【释文】养养，上余亮切，下如字。

【卢解】张湛云：上音飏字，下音痒字。

[10]【张注】喻彼为犬豕，自以为执政者也。

[11]【释文】长，张丈切。藉，本作"籍"，侧戟切。牢，牲牢也，圈也。籍谓以竹木围绕，又刺也。《周礼·鳖人》：以时籍鱼鳖蜃也，又《国语》云：罗籍鱼也。《庄子》云：以临牢栅。李颐云：牢，豕室也。栅，木之也。文字虽异，其意同也。籍音栅。庖音匏。

[12]【张注】非不能应，讥而不应。

【卢解】嫌其不知，本不足与言也。

[13]【释文】从，才用切。

[14]【张注】机，巧也。多巧能之人。

[15]【张注】事立则有所不周，艺成则有所不兼。巧偏而智敌者，则不能相君御者也。

【释文】"智"作"知"：相，息亮切。知音智，下以意求之。

[16]【张注】不能知众人之所知，不能为众人之所能，群才并为之用者，不居知能之地，而无恶无好，无彼无此，则以无为心者也。故明者为视，聪者为听，智者为谋，勇者为战，而我无事焉。荀粲谓傅嘏、夏侯玄曰："子等在世，荣问功名胜我，识减我耳。"嘏、玄曰："夫能成功名者识也，天下孰有本不足而有馀于末者邪？"答曰："成功名者志也，局之所弊。然则志局自一物也，固非识之所独济。我以能使子等为贵，而未必能济子之所为也。"

【释文】并为之为，于伪切。下以意求之。好，呼报切。恶，乌路切。粲，七汗切。嘏音贾。局，衢足切。

公仪伯以力闻诸侯，堂溪公言之于周宣王，[1]王备礼以聘之。公仪伯至，观形，懦夫也。[2]宣王心惑而疑曰："女之力何如？"[3]公仪伯曰："臣之力能折春螽之股，[4]堪秋蝉之翼。"[5]王作色曰："吾之力能裂犀兕之革，曳九牛之尾，[6]犹憾其弱。[7]女折春螽之股，堪秋蝉

之翼，而力闻天下，何也？”公仪伯长息退席，曰：“善哉
王之问也！臣敢以实对。臣之师有商丘子者，力无敌于天
下，而六亲不知，以未尝用其力故也。^[8]臣以死事之。乃
告臣曰：‘人欲见其所不见，视人所不窥。^[9]欲得其所不
得，修人所不为。^[10]故学眡者先见舆薪，^[11]学听者先闻撞
钟。^[12]夫有易于内者无难于外。^[13]于外无难，故名不出其
一家。’^[14]今臣之名闻于诸侯，是臣违师之教，显臣之能
者也。^[15]然则臣之名不以负其力者也，^[16]以能用其力者
也，^[17]不犹愈于负其力者乎？”^[18]

[1]【释文】公仪、堂溪，氏也。皆周贤士。

[2]【张注】懦，弱也。音奴乱切。

【释文】懦，乃玩切。

[3]【释文】女音汝。

[4]【释文】折，之舌切。螽音终。一曰蝗也。股音古。

[5]【张注】堪犹胜也。

[6]【释文】裂或作分字。兕，徐子切。曳音裔。

[7]【张注】憾，恨。

【释文】憾，户暗切。

[8]【张注】以至柔之道御物，物无与对，故其功不显。

[9]【释文】窥，去随切。

[10]【张注】人每攻其所难，我独为其所易。

【释文】易，以豉切，下同。

【卢解】众人之所为、众人之所视者，皆利名之道，动用之迹耳。
众人所窥不为者，斯乃有道者之所游，故能无敌天下者，力无对也。

[11]【释文】舆音余。

[12]【释文】钟，宅红切。

[13]【张注】古人有言曰，善力举秋毫，善听闻雷霆，亦此之谓

也。

【释文】霆音亭。

［14］【张注】道至功玄，故其名不彰也。

【释文】"一家"一本作"一道"，于义不长。

【卢解】舆薪，近物也；撞钟，巨声也。夫易闻易见，自近而及远
也。夫善为生者，先养其神。神全则无为之功著，则外物无不通，故曰
有易于内者无难于外也。是以得之于一心，成之于一家，故外人不知
也。

［15］【张注】未能令名迹不显也。

［16］【张注】犹免于矜，故能致称。

［17］【张注】善用其力者，不用其力也。

［18］【张注】矜能显用。

【卢解】我虽不及师之隐晦其迹也，岂不犹负其能而自显乎？夫
合大道而化万物者，为有力也。故《庄子》曰："藏山于泽，藏舟于
壑，有力者夜半负之而趋，昧者犹不知也。"而宣王误为筋力耳。

　　中山公子牟者，魏国之贤公子也。[1]好与贤人游，不
恤国事，[2]而悦赵人公孙龙。[3]乐正子舆之徒笑之。[4]公
子牟曰："子何笑牟之悦公孙龙也？"子舆曰："公孙龙
之为人也，行无师，[5]学无友，[6]佞给而不中，[7]漫衍而
无家，[8]好怪而妄言。[9]欲惑人之心，屈人之口，与韩檀
等肆之。"[10]公子牟变容曰："何子状公孙龙之过欤？请
闻其实。"[11]子舆曰："吾笑龙之诒孔穿，[12]言'善射者
能令后镞中前括，[13]发发相及，矢矢相属，[14]前矢造准
而无绝落，[15]后矢之括犹衔弦，视之若一焉。'[16]孔穿
骇之。龙曰：'此未其妙者。逢蒙之弟子曰鸿超，[17]怒其
妻而怖之。引乌号之弓，綦卫之箭，[18]射其目。[19]矢来

注眸子而眶不睫，[20]矢隧地而尘不扬。'[21]是岂智者之言与？"[22]公子牟曰："智者之言固非愚者之所晓。[23]后镞中前括，钧后于前。[24]矢注眸子而眶不睫，尽矢之势也。[25]子何疑焉？"[26]乐正子舆曰："子，龙之徒，焉得不饰其阙？[27]吾又言其尤者。[28]龙诳魏王曰：'有意不心。[29]有指不至。[30]有物不尽。[31]有影不移。[32]发引千钧。[33]白马非马。[34]孤犊未尝有母。'[35]其负类反伦，不可胜言也。"[36]公子牟曰："子不谕至言而以为尤也，尤其在子矣。[37]夫无意则心同。[38]无指则皆至。[39]尽物者常有。[40]影不移者，说在改也。[41]发引千钧，势至等也。[42]白马非马，形名离也。[43]孤犊未尝有母，非孤犊也。"[44]乐正子舆曰："子以公孙龙之鸣皆条也。[45]设令发于馀窍，[46]子亦将承之。"[47]公子牟默然良久，告退，曰："请待馀日，[48]更谒子论。"[49]

[1]【张注】公子牟，文侯子，作书四篇，号曰道家。魏伐得中山，以邑子牟，因口中山公子牟也。

【释文】牟，莫侯切。

【卢解】公子牟，文侯之子也，封于中山，故曰中山公子。

[2]【释文】好，呼报切。恤，虽律切。

[3]【张注】公子牟、公孙龙似在列子后，而今称之，恐后人所增益以广书义。苟于统例无所乖错，而足有所明，亦奚伤乎？诸如此皆存而不除。

[4]【释文】舆音余。

[5]【释文】行，下孟切。

[6]【张注】不祖宗圣贤也。

[7]【张注】虽才辩而不合理也。

【释文】中，丁仲切。

［8］【张注】儒墨刑名乱行而无定家。

【释文】漫音万。衍，以战切。

［9］【张注】爱奇异而虚诞其辞。

［10］【张注】韩檀，人姓名。共习其业。《庄子》云："桓国公孙龙能胜人之口，不能服人之心，辩者之囿。"

【释文】"国"作"团"：檀，不安切。肄，戈二切。肄，习也。团，大端切。囿音又。

【卢解】行不因师，独学无友，辩而不中，于理漫衍而无所宗。其道能屈人之口，不能服人之心也。韩檀，《庄子》云桓团，俱为人名，声相近者也。

［11］【张注】不平其言，故形于色。罪状龙太过，故责其实验也。

［12］【张注】孔穿，孔子之孙。《世记》云：为龙弟子。诒，欺也。

【释文】诒音待，欺也。下同。

［13］【释文】镞，作木切。中，丁仲切，下及注同。

［14］【释文】属音烛，注同。

［15］【释文】造，七到切。

［16］【张注】箭相连属无绝落处，前箭着埘，后箭复中前箭，而后所凑者犹衔弦，视之如一物之相连也。

【释文】着，直略切，下同。埘音朋。复，扶又切，下同。凑，七豆切。

［17］【释文】逢，薄江切。

［18］【张注】乌号，黄帝弓。綦，地名，出美箭。卫，羽也。

【释文】号，户羔切。綦音其。《史记》云：綦国之竹。晋灼曰：卫之苑多竹箭。

［19］【释文】射，食弋切。

［20］【释文】"矢来"作"矢末"：末，一本作"来"。眸，莫侯

切。眶音匡。睫，本作"睞"，目瞬也，下同。睞，且洽切。

［21］【张注】箭行势极，虽着而不觉，所谓强弩之末不能穿鲁缟也。

【释文】"穿"作"撤"：隧音坠。弩，其两切。撤，一本作"穿"。缟，古老切。

［22］【释文】与音余。

［23］【张注】以此言戏子舆。

［24］【张注】同后发于前发，则无不中也。近世有人掷五木，百掷百卢者，人以为有道，以告王夷甫。王夷甫曰："此无奇，直后掷如前掷耳。"庚子嵩闻之，曰："王公之言闇得理。"皆此类也。

【释文】掷，直炙切。

［25］【张注】夫能量弓矢之势，远近之分，则入物之与不入，在心手之所铨，不患所差跌。今设令至拙者闇射，箭之所至，要当其极。当其极也，则豪分不复进。闇其极，则随远近而制其深浅矣。刘道真语张叔奇云："尝与乐彦辅论此云，不必是中贤之所能，孔颜射者则必知此。"湛以为形用之事，理之粗者，偏得其道，则能尽之。若庖丁之投刃，匠石之运斤，是偏达于一事，不待圣贤而后能为之也。

【释文】分，符问切。差跌音蹉绖。语，鱼据切。

［26］【卢解】钧后于前者，百发如一焉，故视之若一耳。眶不睫者，矢势至睫而尽矣，故尘不扬于地，非是中睫而落也。子舆之闻视之若一也，则谓自弦及珊箭相连接不绝如一焉。闻注眸而坠，则谓射目不入。是解之不了于至理，非公孙龙之诡妄焉。

［27］【释文】焉，於虔切。

［28］【张注】尤，甚。

［29］【张注】夫心寂然无想者也。若横生意虑，则失心之本矣。

【卢解】心之动者为意。世人皆识其意，而不识其心。

［30］【张注】夫以指求至者，则必因我以正物。因我以正物，则未造其极。唯忘其所因，则彼此玄得矣。惠子曰："指不至也。"

【卢解】凡有所指皆未至也。至则无指矣。

〔31〕【张注】在于粗有之域，则常有有；在于物尽之际，则其一常在。其一常在而不可分，虽欲损之，理不可尽。唯因而不损，即而不违，则泰山之崇崛，元气之浩芒，泯然为一矣。惠子曰："一尺之棰，日取其半，万世不竭也。"

【卢解】若尽则非有也。一尺之棰，日取其半，万世不竭者，折之虽多，但微细，而理不应尽也。

〔32〕【张注】夫影因光而生。光苟不移，则影更生也。夫万物潜变，莫不如此。而惑者未悟，故借喻于影。惠子曰："飞鸟之影未尝动也。"

【释文】借，子亦切。

【卢解】移则影变矣。新新相及，故不见其移焉。

〔33〕【张注】夫物之所以断绝者，必有不均之处。处处皆均，则不可断。故发虽细而得秤重物者，势至均故也。

【卢解】细而众钧，可以举重，亦犹毛之折轴，积而不轻也。

〔34〕【张注】此论见在多有辩之者。辩之者皆不弘通，故阙而不论也。

【释文】见，贤遍切。

【卢解】白以命色，马以命形。白马非马，辩形色也。

〔35〕【张注】不详此义。

【释文】犊音独。

【卢解】谓之孤犊，安得有母也。

〔36〕【张注】负犹背也。类，同也。言如此之比皆不可备载也。

【释文】胜音升。

〔37〕【张注】尤失反在子舆。

〔38〕【张注】同于无也。

〔39〕【张注】忘指，故无所不至也。

〔40〕【张注】常有尽物之心。物既不尽，而心更滞有也。

〔41〕【张注】影改而更生，非向之影。《墨子》曰："影不移，

说在改为也。"

［42］【张注】以其至等之故，故不绝。绝则由于不等。故《墨子》亦有此说也。

［43］【张注】离犹分也。《白马论》曰："马者，所以命形也；白者，所以命色也。命色者非命形也。"寻此等语，如何可解，而犹不历然。

［44］【张注】此语近于鄙，不可解。

【释文】解音蟹，下同。

［45］【张注】言龙之言无异于鸣，而皆谓有条贯也。

【释文】公孙龙，平原君之客，字子秉，赵人。一本作"公孙龙于马"，并注"无异于鸣"亦作"无异于马"。云"马"者，白马论之义也；云"鸣"者，但鸣而无理趣取，为义则长矣。

［46］【释文】窍，口吊切，秽穴也。

［47］【张注】既疾龙之辩，又忿牟之辞，故遂吐鄙之慢言也。

［48］【释文】日，人质切。

［49］【张注】既忿气方盛而不可理论，故逊辞告退也。

【卢解】失理而忿者，不可与言，故告退也。

尧治天下[1]五十年，不知天下治欤，不治欤？不知亿兆之愿戴己欤？不愿戴己欤？[2]顾问左右，左右不知。问外朝，[3]外朝不知。问在野，在野不知。[4]尧乃微服游于康衢，闻儿童谣曰："立我蒸民，莫匪尔极。不识不知，顺帝之则。"[5]尧喜问曰："谁教尔为此言？"[6]童儿曰："我闻之大夫。"问大夫。大夫曰："古诗也。"[7]尧还宫，召舜，因禅以天下。[8]舜不辞而受之。[9]

［1］【张注】天下欲治，故尧治之。

【释文】尧治天下为句。治，直吏切，"治欤"、"治名"、"治道"同。

[2]【张注】夫道洽于物者，则治名灭矣。治名既灭，则尧不觉在物上，物不觉在尧下。

【释文】洽，本作"合"。

[3]【释文】朝音潮。

[4]【张注】若有知者，则治道未至也。

[5]【张注】蒸，众也。夫能使万物咸得其极者，不犯其自然之性也。若以识知制物之性，岂顺天之道哉?

[6]【释文】"谁"作"霄"：霄，古畴字，直留切，谁也。

[7]【张注】当今而言古诗，则今同于古也。

[8]【张注】功成身退。

【释文】禅，时战切。

[9]【张注】会至而应。

【卢解】夫贵其身以居众人之上也，则常惧不尊于人；爱其身以居众人之上也，则常恐不益于物。若兼亡于天下者，则顺之而不宰，理之于未萌，取之不以为尊，去之不以为失。如天之运，四时成焉；如地之载，万物生焉。功成事遂而身退者也，故无私焉。夫能无私也，禅大位而不怵，受大位而不辞也。

关尹喜曰："在己无居，[1]形物其箸。[2]其动若水，[3]其静若镜，[4]其应若响。[5]故其道若物者也。物自违道，道不违物。[6]善若道者，亦不用耳，亦不用目，亦不用力，亦不用心。[7]欲若道而用视听形智以求之，弗当矣。[8]瞻之在前，忽焉在后，用之弥满，六虚废之，莫知其所。[9]亦非有心者所能得远，亦非无心者所能得近。[10]唯默而得之而性成之者得之。[11]知而亡情，[12]能而不为，真知真能也。[13]发无知，[14]何能情？发不能，何能为？[15]
聚块也，积尘也，[16]虽无为而非理也。"[17]

[1]【张注】泛然无系，岂有执守之所？

【释文】泛，芳剑切。系音计。

[2]【张注】形物犹事理也。事理自明，非我之功也。

[3]【张注】顺物而动，故若水也。

[4]【张注】应而不藏，故若镜也。

[5]【张注】应而不唱，故若响也。

【释文】應音膺。

【卢解】夫至极者神也。微妙玄通，深不可极。视之不见，听之不闻。常在于己而莫知其居，形万物而不可著见。其动若水，润下而济上；其静若镜，照用而不疲；其应若响，不遗于物。此养神之至理也。

[6]【张注】同于道者，道亦得之。

【释文】"道不违物"作"道亡违物"：亡音无。一本作"道不违物"。

【卢解】此至道者非有形之物，而善应而不遗，故物自违道，道不违于物也。

[7]【张注】唯忘所用，乃合道耳。

[8]【卢解】欲得善为此道者堕支体，黜聪明，虚其心而养其神，则自然而自证也。

[9]【张注】道岂有前后多少哉？随所求而应之。

【卢解】唯此养神之道难知难见，非有非无。瞻之者居万物之先，轻忽之者不与物竞。用之，则六虚皆备；废之，则莫知所存。独立而不改，周行而不殆，其至矣哉！

[10]【张注】以有心无心而求道，则远近其于非当。若两忘有无先后，其于无二心矣。

【卢解】有心而求之者，自远于道，非道远之也；无心而合道，自近于道，非道近之也。有心无心，人自异耳，道无远近也。

［11］【张注】自然无假者，则无所失矣。

［12］【释文】亡，本作"忘"。

［13］【张注】知极则同于无情，能尽则归于不为。

【卢解】唯默然而内昭，因性而成者，乃得之矣。知因性者，必亡其情。能亡其情而无为者，此乃真知真能也。

［14］【释文】发无知，一本作"废无知"，下作"废无能"。

［15］【卢解】夫发者，起人所不能知，更何能为情哉？发起人所不能为，复何能自为情哉？惑者变性以为情，智者变情以为性。故《易》曰："不性其情，何能久行其正也"。

［16］【张注】此则府宅。

［17］【释文】虽无为而非理也，一本漏"为"字。

【卢解】夫无为者而无不为也。若兀然如聚块、积尘者，虽则去情无为，非至理者也。

卷　五

汤问[1]第五

殷汤问于夏革[2]曰："古初有物乎？"[3]夏革曰："古初无物，今恶得物？[4]后之人将谓今之无物，可乎？"[5]殷汤曰："然则物无先后乎？"夏革曰："物之终始，初无极已。始或为终，终或为始，恶知其纪？[6]然自物之外，自事之先，朕所不知也。"[7]殷汤曰："然则上下八方有极尽乎？"[8]革曰："不知也。"[9]汤固问。革曰："无则无极，有则有尽，朕何以知之？[10]然无极之外复无无极，无尽之中复无无尽。[11]无极复无无极，无尽复无无尽。[12]朕以是知其无极无尽也，而不知其有极有尽也。"[13]汤又问曰："四海之外奚有？"革曰："犹齐州也。"[14]汤曰："汝奚以实之？"革曰："朕东行至营，[15]人民犹是也。[16]问营之东，复犹营也。西行至豳，[17]人民犹是也。问豳之西，复犹豳也。朕以是知四海、四荒、四极之不异是也。[18]故大小相含，无穷极也。含万物者，亦如含天地。[19]含万物也故不穷，[20]含天地也故无极。[21]朕亦焉知天地之表不有大天地者乎？[22]亦吾所不知也。[23]然则天地亦物也。物有不足，故昔者女娲氏练五色石以补其阙，[24]断鳌之足[25]以立四极。其后共工氏与颛顼争为帝，[26]怒而触不周之山，[27]折天柱，绝地维，故天倾西北，日月星辰就焉，地不满东南，故百川水潦归焉。"[28]汤又问："物有巨细乎？有修短乎？有同异乎？"革曰：

"渤海之东不知几亿万里，有大壑焉，^[29]实惟无底之谷，^[30]其下无底，^[31]名曰归墟。^[32]八纮九野之水，天汉之流，莫不注之，而无增无减焉。^[33]其中有五山焉：一曰岱舆，^[34]二曰员峤，^[35]三曰方壶，^[36]四曰瀛洲，^[37]五曰蓬莱。^[38]其山高下周旋三万里，^[39]其顶平处九千里。山之中间相去七万里，以为邻居焉。其上台观皆金玉，其上禽兽皆纯缟。^[40]珠玕之树皆丛生，^[41]华实皆有滋味，食之皆不老不死。所居之人皆仙圣之种，一日一夕飞相往来者，不可数焉。^[42]而五山之根无所连箸，^[43]常随潮波上下往还，^[44]不得暂峙焉。^[45]仙圣毒之，^[46]诉之于帝。帝恐流于西极，失群仙圣之居，乃命禺彊^[47]使巨鳌十五举首而戴之。^[48]迭为三番，^[49]六万岁一交焉。五山始峙而不动。^[50]而龙伯之国有大人，举足不盈数步而暨五山之所，^[51]一钓而连六鳌，^[52]合负而趣，^[53]归其国，灼其骨以数焉。^[54]于是岱舆员峤二山流于北极，沉于大海，仙圣之播迁者巨亿计。^[55]帝凭怒，^[56]侵减龙伯之国使阨，^[57]侵小龙伯之民使短。至伏羲、神农时，其国人犹数十丈。^[58]从中州以东四十万里得僬侥国，^[59]人长一尺五寸。^[60]东北极有人名曰诤人，长九寸。^[61]荆之南有冥灵者，^[62]以五百岁为春，五百岁为秋。上古有大椿者，^[63]以八千岁为春，八千岁为秋。朽壤之上有菌芝者，^[64]生于朝，死于晦。春夏之月有蠓蚋者，^[65]因雨而生，见阳而死。^[66]终北之北^[67]有溟海者，^[68]天池也，有鱼焉，其广数千里，^[69]其长称焉，^[70]其名为鲲。^[71]有鸟焉，其名为鹏，^[72]翼若垂天之云，其体称焉。^[73]世岂知有此物哉？^[74]大禹行而见之，伯益知而名之，^[75]夷坚闻而志之。^[76]江浦之间生么虫，^[77]其名曰焦螟，^[78]群飞而集于蚊睫，^[79]弗相触也。栖宿去来，蚊弗觉也。离朱、子羽方昼拭眦，扬眉而望之，[80]弗见其形；[81]觝俞、师旷方夜擿耳，俛首而听之，[82]弗闻其声。[83]唯黄帝与容成子居空峒之上，[84]同斋三月，心死形废。[85]徐以神视，[86]块然见之，若嵩山之阿；[87]徐以气听，[88]砰然闻之，[89]若雷霆之声。[90]吴楚之国有大木焉，其名为櫾。[91]碧树而冬生，实丹而味酸。食其皮汁，已愤厥之疾。[92]齐州珍之，渡淮而北而化为枳焉。[93]鸲鹆不踰济，[94]貉踰汶则死矣。[95]地气然也。[96]虽然，形气异也，性钧已，[97]无相易已，生皆全已，分皆足已。[98]吾何以识其巨细？何以识其修短？何以识其同异哉？”[99]

[1]【张注】夫智之所限知，莫若其所不知，而世齐所见以限物，是以大圣发问，穷理者对也。

【释文】齐，才细切。

【卢解】夫万物之情，各贵其生，不知养其所注生，而爱身以丧其生。故此篇去形全生以通其情，情通性达以契其道也。

[2]【张注】革字，《庄子》音棘。

【释文】殷汤姓子，名履，字天乙。革音棘。夏棘字子棘，为汤大夫。

[3]【张注】疑直混茫而已。

【释文】茫音忙。

[4]【张注】今所以有物，由古有物故。

【释文】恶，音乌，下同。

[5]【张注】后世必复以今世为古世，则古今如循环矣。设令后人谓今亦无物，则不可矣。

【释文】复，扶又切，下同。

[6]【张注】今之所谓终者，或为物始；所谓始者，或是物终。终始相循，竟不可分也。

[7]【张注】谓物外事先，廓然都无，故无所指言也。

【卢解】后世必以今日为古，何殊今日问古耶？安得无物也？由汤以上古为先，然则物始事先更相前后，此不可知也。

[8]【张注】汤革虽相答，然于视听犹未历然，故重发此问，令尽然都了。

【释文】"尽"作"画"：重，柱用切，下同。画音获，一本作"尽"。

[9]【张注】非不知也，不可以智知也。

[10]【张注】欲穷无而限有，不知而推类也。

[11]【张注】既谓之无，何得有外？既谓之尽，何得有中？所谓无无极无无尽，乃真极真尽矣。

[12]【张注】或者将谓无极之外更有无极，无尽之中复有无尽，故重明无极复无无极，无尽复无无尽也。

[13]【张注】知其无，则无所不知；不知其有，则乃是真知也。

[14]【张注】齐，中也。

【释文】《尔雅》云：距齐州以南，戴日为丹穴；北，戴斗极为空桐。距，去也。齐，中也。

【卢解】言无安得有极尽耶？是以道无不遍，无之谓也，体用俱大，非虚实无有也。

[15]【释文】今之柳城，古之营州，东行至海是也。

[16]【张注】如是间也。

[17]【释文】豳与邠同。

[18]【张注】四海、四荒、四极，义见《尔雅》。知其不异是间，则是是矣。

【释文】《尔雅》云：九夷、八狄、七戎、六蛮谓之四海。觚竹、北户、西王母、日下谓之四荒。东泰远、西邠国、南濮铅、北祝栗谓之四极。见，贤遍切。

【卢解】四方穷之不可尽，皆有生死、爱恶、父母、妻子，故知四荒、四极之外不异营窟之内，则是是也。

[19]【张注】夫含万物者天地，容天地者太虚也。

【释文】"太虚"作"大虚"：大音泰，下同。

[20]【张注】乾坤含化，阴阳受气，庶物流形，代谢相因，不止于一生，不尽于一形，故不穷也。

[21]【张注】天地笼罩三光，包罗四海，大则大矣。然形器之物，会有限极。穷其限极，非虚如何？计天地在太虚之中，则如有如无耳。故凡在有方之域，皆巨细相形，多少相悬。推之至无之极，岂穷于一天，极于一地？则天地之与万物，互相包裹，迭为国邑，岂能知其盈虚，测其头数者哉？

【释文】罩，陟孝切。

[22]【张注】夫太虚也无穷，天地也有限。以无穷而容有限，则天地未必形之大者。然则邹子之所言，盖其掌握耳。

【释文】焉，於虔切，下同。

[23]【张注】夫万事可以理推，不可以器徵。故信其心智所知及，而不知所知之有极者，肤识也；诚其耳目所闻见，而不知视听之有限者，俗士也。至于达人，融心智之所滞，玄悟智外之妙理；豁视听之所阂，远得物外之奇形。若夫封情虑于有方之境，循局步于六合之间者，将谓写载尽于三坟五典，归藏穷于四海九州焉。知太虚之辽廓，巨细之无垠，天地为一宅，万物为游尘，皆拘短见于当年，昧然而俱终。故列子阐无内之至言，以坦心智之所滞；恢无外之宏唱，以开视听之所阂。使希风者不觉矜伐之自释，束教者不知桎梏之自解。故刿斫儒墨，指斥大方，岂直好奇尚异而徒为夸大哉？悲夫！聃、周既获讥于世论，吾子亦独以何免之乎？

【释文】"限"作"垠"："知及""及"字一本作"反"，恐字误。豁，呼括切。垠音银，下同，一本作"限"。拘音俱。桎梏音质谷。解音蟹。刿音枯。夸，口花切。聃，他甘切，老子名。周，庄子名。

【卢解】夫神道之含万物也，故不穷；阴阳之含天地也，故无极。天地万物之外，我所不知以辩之，非谓都不知也。

［24］【张注】阴阳失度，三辰盈缩，是使天地之阙，不必形体亏残也。女娲，神人，故能练五常之精以调和阴阳，使晷度顺序，不必以器质相补也。

【释文】娲音瓜，女娲氏，古天子，风姓。

【卢解】张湛此注当矣。

［25］【张注】鳌，巨龟也。

【释文】断鳌音短遨，具后释。

［26］【释文】共工氏，共音恭，古帝王。颛顼音专旭。

［27］【张注】共工氏兴霸于伏羲神农之间，其后苗裔恃其强，与颛顼争为帝。颛顼，黄帝孙。不周山在西北之极。

【释文】"伏"作"虙"：虙音伏。羲，许宜切。

［28］【释文】潦音老。

【卢解】乱常败德，则为折天柱绝地维也。是以圣人知天道损有馀补不足，故三光百川得其大要也。

［29］【释文】渤海，今乐安郡。《山海经》云：东海之外有大壑。

［30］【张注】事见《大荒经》。《诗含神雾》云："东注无底之谷"。

［31］【张注】称其无底者，盖举深之极耳。上句云无无极限，有不可尽。实使无底，亦无所骇。

［32］【张注】《庄子》云"尾闾"。

【释文】归墟或作归塘。

［33］【张注】八纮，八极也。九野，天之八方中央也。世传天河与海通。

【释文】纮音宏。

【卢解】大壑无底者，言大道之无能穷尽者也。至微至细入于无间者，不过水也。注之无增减者，万有无不含容者也。

［34］【释文】舆音余。

［35］【释文】峤，渠庙切，山锐而高也。

［36］【释文】一曰方丈。

［37］【释文】瀛音盈。

［38］【释文】《史记》曰：方丈、瀛洲、蓬莱，此三神山，在渤海中。盖尝有至者，诸仙人及不死之药皆在焉。未至，望之如云。欲到，即引而去，终莫能至。

［39］【释文】"周旋"作"周犯"：犯，一本作范围字。一本作周旋字。

［40］【释文】纯音淳。缟，古老切。

［41］【释文】玕音干。

［42］【张注】两山间相去七万里，五山之间凡二十八万里，而日夜往来。往来者不可得数，风云之挥霍不足逾其速。

【释文】数，色主切，注同。

【卢解】有形之物生于大道之中，而增饰甄好而不知老，不知死，动用不住，倏往忽来，无限数也。

［43］【张注】若此之山犹浮于海上，以此推之，则凡有形之域皆寄于太虚之中，故无所根蒂。

【释文】"箸"作"著"：著，直略切。

［44］【释文】上，时掌切。

［45］【释文】峙，直里切。

【卢解】眼、耳、鼻、舌、身为五根，随波流不得暂止也。此举世皆随声、色、香、味染著而不得休息，乃至忘生轻死，以殉名利，不知止虑还源，养神归道者也。

［46］【释文】毒，病也。

［47］【张注】《大荒经》曰：北极之神名禺彊，灵龟为之使也。

【释文】"禺彊"作"禺强"：禺与隅同。《神仙传》：北方之神名禺强，号曰玄冥子。《山海经》曰：大荒之中有神，人面鸟身，名曰禺强。简文云：此海神也。

［48］【张注】《离骚》曰：巨鳌戴山，其何以安也？

【释文】《列仙传》云：巨鳌戴蓬莱山而抃沧海之中。《玄中记》云：即巨龟也。

［49］【释文】番音翻，更代也。

［50］【卢解】夫形质者，神明居也。若五根流浪而失所守，则仙圣无所居矣。《庄子》云："一受其成形，不亡以待尽。"若五根漂荡，则随妄而至死矣。一生虚过，岂不哀哉！故大圣作法设教以止之，五根于是有安矣。五尘以对之，五识以因之，故云"十五"也。因心以辩之，故云"三番"。六万岁一交耳，自此知制五根之道也。

［51］【释文】数，色主切。步，一本作"千"。

［52］【释文】钧，一本作"钩"。

［53］【释文】趣音趋。

［54］【张注】以高下周围三万里山而一鳌头之所戴，而此六鳌复为一钓之所引，龙伯之人能并而负之，又钻其骨以卜计，此人之形当百馀万里。鲲鹏方之，犹蚊蚋蚤虱耳。则太虚之所受，亦奚所不容哉？

【释文】灼音酌。数，所据切。算，计也。钻，祖官切。鲲鹏音昆朋。蚊蚋音文芮。蚤虱音早瑟。

【卢解】伯者，长也。龙，有力之大者也。以喻俗中之嗜欲矜夸爱贪纵情求以染溺，而为钓负六情以自适，岂徒失其所守，乃更毁而用之也。

［55］【卢解】俗心所溺唯声色为重，君子小人困于名利也，故曰二山流焉。爱溺深重，喻之大海。神识流浪，不可胜言。

［56］【张注】凭，大也。

【释文】"凭"作"冯"：冯音愤。

［57］【释文】"侵"作"浸"：浸，子禁切，一本作"侵"。阰，乌卖切。

［58］【张注】《山海经》云：东海之外，大荒之中，有大人之国。《河图玉板》云：从昆仑以北九万里，得龙伯之国，人长四十丈，生万八千岁始死。

【释文】"数十丈"作"数千丈"：数千丈，一本作"数十丈"。

【卢解】大圣恶夫嗜欲之为害也，乃立法以制之。因圣智之教行，故其国渐小。然神农虽治，犹数十丈焉者，盖人不能灭之，但减削而已。

［59］【释文】僬侥音谯尧，短人国名也。《史记》云：僬侥氏三尺，短之至也。韦昭曰：僬侥，西南蛮之别名也。案《括地志》，在大秦国西北。

［60］【张注】事见《诗含神雾》。

【释文】见，贤遍切，下同。

［61］【张注】见《山海经》。《诗含神雾》云："东北极有此人。"既言其大，因明其小耳。

【释文】诤音争。《山海经》曰："东海之外有小人，名曰诤人。"

［62］【释文】冥灵，木名也。生江南，以叶生为春，叶落为秋。

［63］【释文】椿，丑伦切，木名也。一名橅。

［64］【释文】菌，其陨切。崔譔云："粪上生芝也。朝生暮死。"简文云："欻生芝。"

［65］【释文】蠓，莫孔切。蚋音芮，谓蠛蠓蚊蚋也。二者小飞虫也。

［66］【卢解】苟有嗜欲失其真焉，则形巨者与形小，长寿者与促龄，亦何异也？故知上极神仙，下及蝼蚁，迷真失道，情欲奔驰，其丧一也。

［67］【张注】《庄子》云"穷发"。

【释文】"终北之北"作"终发之北"：一本作"终北之北"。

［68］【释文】《十洲记》云：水黑色谓溟海。

[69]【释文】广数，上古旷切，下色主切。

[70]【释文】称，尺证切，下同。

[71]【释文】鲲，鲸鱼也。

[72]【释文】鹏，步登切。

[73]【张注】《庄子》云：鲲化为鹏。

[74]【张注】翫其所常见，习其所常闻，虽语之，犹将不信焉。

【释文】语，鱼据切。

[75]【释文】名，弥正切，与詺同。

[76]【张注】夫奇见异闻，众之所疑。禹、益、坚岂直空言谲怪以骇一世？盖明必有此物，以遗执守者之固陋，除视听者之盲聋耳。夷坚未闻，亦古博物者也。

【释文】志之，记之也。

[77]【张注】么，细也。

【释文】么，亡果切。字书云：“么，小也。”

[78]【释文】螟音名。

[79]【释文】睫音接。

[80]【释文】拭音式。眦，在诣切，目际也。

[81]【张注】离朱，黄帝时明目人，能百步望秋毫之末。子羽未闻。

[82]【释文】觑，除倚切。觑俞、师旷，皆古之聪耳人也。擿音惕。俛音免。

[83]【张注】觑俞未闻也。师旷，晋平公时人，夏革无缘得称之，此后著书记事者润益其辞耳。夫用心智赖耳目以视听者，未能见至微之物也。

[84]【释文】《史记》云：黄帝至于河，登空桐之山。今在醴泉郡。

[85]【张注】所谓心同死灰，形若枯木。

[86]【张注】神者，寂然玄照而已，不假于目。

［87］【张注】以有形涉于神明之境,嵩山未足喻其巨。

［88］【张注】气者,任其自然而不资外用也。

［89］【释文】砰,普耕切。

［90］【张注】以有声涉于空寂之域,雷霆之音未足以喻其大也。

【释文】霆音廷。

【卢解】苟有形声之碍也,则积壤成山,聚蚊成雷。块然见之,砰然闻之,不足多怪。

［91］【张注】音袖。

【释文】櫠音柚。《山海经》曰:荆山多橘柚。柚似橘而大,皮厚味酸。

［92］【释文】愤,房吻切。愤厥之疾,气疾也。

［93］【释文】《周礼》曰:橘渡淮北而化为枳。

［94］【释文】济,子礼切。鸲鹆音瞿浴。

［95］【释文】貉音鹤,似狐,善睡兽也。汶,武巾切。郦元《水经》曰:济水出王屋山为沇(音兖)水,东经温为济水,下入黄河十馀里,南渡河为荥泽,又经济阴等九郡而入海。《周礼》云:鸲鹆不踰济,貉踰汶则死,此地气使然也。郑玄云:汶水在鲁城北。先儒相因以为鲁之汶水,皆大误也。案《史记》,汶与嶓同武巾切,谓汶江也,非音问之汶。案《山海经》:大江出汶山。郭云:东南径蜀郡,东北径巴东、江夏,至广陵入海。《韩诗外传》云:昔者江出于汶山,其始也足以滥觞是也。又《楚词》云:隐汶山之清江。固可明矣。且《列子》与《周礼》通言水土性异,则迁移有伤,故举四渎以言之。案今鲁之汶水,阔不踰数十步,源不过二百里,揭厉皆渡,斯须往还,岂狐貉暂游,生死顿隔矣?《说文》云:貉,狐类也。皆生长丘陵旱地,今江边人云,狐不渡江。是明踰大水则伤本性,遂致死者也。

［96］【张注】此事义见《周官》。

［97］【释文】皆至“已”字为句。一本云情性钧已。

［98］【释文】分,符问切。

[99]【张注】万品万形，万性万情，各安所适，任而不执，则钧于全足，不愿相易也。岂智所能辩哉？

【卢解】阴阳所生，土地所宜，神气所接，习染所变，皆若是也。复何足以辩之哉？

太形王屋二山，[1]方七百里，高万仞。本在冀州之南，河阳之北。北山愚公者，[2]年且九十，面山而居。惩山北之塞，出入之迂也，[3]聚室而谋曰："吾与汝毕力平险，指通豫南，达于汉阴，可乎？"杂然相许。[4]其妻献疑[5]曰："以君之力，曾不能损魁父之丘。[6]如太形王屋何？[7]且焉置土石？"[8]杂曰："投诸渤海之尾，隐土之北。"[9]遂率子孙荷担者三夫，[10]叩石垦壤，[11]箕畚运于渤海之尾。[12]邻人京城氏之孀妻[13]有遗男，始龀，[14]跳往助之。[15]寒暑易节，始一反焉。河曲智叟笑而止之，[16]曰："甚矣汝之不惠！以残年馀力，曾不能毁山之一毛，其如土石何？"北山愚公长息曰："汝心之固，固不可彻，[17]曾不若孀妻弱子。虽我之死，有子存焉。子又生孙，孙又生子；子又有子，子又有孙：子子孙孙，无穷匮也。而山不加增，何苦而不平？"[18]河曲智叟亡以应。[19]操蛇之神闻之，[20]惧其不已也，[21]告之于帝。帝感其诚，[22]命夸蛾氏二子[23]负二山，一厝朔东，[24]一厝雍南。自此，冀之南、汉之阴无陇断焉。[25]

[1]【张注】形，当作"行"。太行在河内野王县，王屋在河东东垣县。

【释文】"太形"作"大形"：音泰行，注同。垣音袁。

[2]【张注】俗谓之愚者，未必非智也。

［3］【释文】《韩诗外传》云：惩，苦也。迂音于，下同。

【卢解】形，户刚反。惩，戒也，创也，草政也。

［4］【张注】杂犹佥也。

【释文】杂，七合切，下同。佥，七廉切。

［5］【张注】献疑犹致难也。

【释文】难，乃旦切。

［6］【释文】曾音层，下同。魁父《淮南子》作魁阜，谓小山如堆阜。

［7］【张注】魁父，小山也，在陈留界。

［8］【释文】焉，於虔切。

［9］【张注】《淮南》云："东北得州曰隐土。"

［10］【释文】荷，胡可切。担，丁甘切。

［11］【释文】叩，击也。垦，苦恨切，起土也。

［12］【释文】畚音本，笼也。

［13］【张注】孀，寡也。

【释文】孀音霜。

［14］【释文】龀，初刃切。《韩诗外传》云，男女七岁或毁齿谓之龀。

［15］【释文】跳音调，跃也。或作眺，误也。

［16］【张注】俗谓之智者，未必非愚也。

［17］【释文】彻，丑列切。

［18］【释文】"苦"作"若"：若，一本作"苦"。

［19］【张注】屈其理而服其志也。

［20］【张注】《大荒经》云："山海神皆执蛇。"

［21］【张注】必其不已，则山会平矣。世咸知积小可以高大，而不悟损多可以至少。夫九层起于累土，高岸遂为幽谷。苟功无废舍，不期朝夕，则无微而不积，无大而不亏矣。今砥砺之与刀剑，相磨不已，则知其将尽。二物如此，则丘壑消盈无所致疑。若以大小迟速为惑者，

未能推类也。

【释文】"岸"作"峰"：操，七刀切。高峰坠为幽谷，一本作"高岸遂为幽谷"。舍音捨。砥砺音旨例。

[22]【张注】感愚公之至心也。

[23]【张注】夸娥氏，传记所未闻，盖有神力者也。

【释文】夸娥氏，一本作"夸蚁氏"。夸，口花切。

[24]【释文】厝音措。

[25]【张注】夫期功于旦夕者，闻岁暮而致叹；取美于当年者，在身后而长悲。此故俗士之近心，一世之常情也。至于大人，以天地为一朝，亿代为瞬息，忘怀以造事，无心而为功，在我之与在彼，在身之与在人，弗觉其殊别，莫知其先后。故北山之愚与嫠妻之孤，足以哂河曲之智，嗤一世之惑。悠悠之徒，可不察欤？

【释文】"陇"作"垄"，"察欤"作"察与"：垄，力踵切。嫠音狸。哂，式忍切。嗤，赤之切。与音余。

【卢解】此一章兴也。俗安所习而随于众。众所共者，则为是焉。虽嗜欲所缠，从生至死，生既流荡无已，死又不知所之，愚者营营于衣食以至终，君子营营于名色以至死，咸以为乐天知命，自古而然。若夫至学之人，必至于求道忘生以契真。闻斯行诸，不计老少，穷生不闻神，或感而自通。故《易》曰"寂然不动，感而遂通"，然后形碍之可忘，至平之理畅矣。

夸父不量力，[1]欲追日影，逐之于隅谷之际。[2]渴欲得饮，赴饮河渭。河渭不足，将走北饮大泽。未至，道渴而死。弃其杖，尸膏肉所浸，生邓林。[3]邓林弥广数千里焉。[4]

[1]【释文】夸，口花切。父音甫。《大荒经》云："有人珥两黄

蛇，把两黄蛇，名曰夸父。"

　　[2]【张注】隅谷，虞渊也，日所入。

　　[3]【释文】浸，子禁切。

　　[4]【张注】《山海经》云："夸父死，弃其杖，而为邓林。"

　　【卢解】夫人一至以祈道，则去有以契真。若将恃能以求胜，则步影而不及。及其契真也，则形尽平焉；及其追末也，则丧生以见迹。迹之著也，邓林所以生；真之契也，丘陇所以平也。

　　大禹曰："六合之间，四海之内，照之以日月，经之以星辰，纪之以四时，要之以太岁。[1]神灵所生，其物异形，或夭或寿，唯圣人能通其道。"[2]夏革曰："然则亦有不待神灵而生，不待阴阳而形，不待日月而明，[3]不待杀戮而夭，不待将迎而寿，[4]不待五谷而食，不待缯纩而衣，[5]不待舟车而行，[6]其道自然，[7]非圣人之所通也。"[8]

　　[1]【释文】"太岁"作"大岁"：要，一遥切。大音泰。

　　[2]【张注】圣人顺天地之道，因万物之性，任其所适，通其逆顺，使群异各得其方，寿夭咸尽其分也。

　　【释文】分，符问切。

　　[3]【张注】夫生者自生，形者自形，明者自明，忽然自尔，固无所因假也。

　　[4]【张注】自夭者不由祸害，自寿者不由接养。

　　[5]【释文】缯，似陵切。纩音旷。

　　[6]【释文】车音居。

　　[7]【张注】自然者，都无所假也。

　　[8]【张注】圣人不违自然而万物自运，岂乐通物哉？自此章已

上皆夏革所告殷汤也。

【卢解】夫形动之物各有所宜，圣人能顺其生以通其道也。然则神识至灵，更无所待，非群有之所资育，盖独运之自然，岂圣人所能通哉？

　　禹之治水土也，迷而失涂，谬之一国。[1]滨北海之北，不知距齐州几千万里。[2]其国名曰终北，[3]不知际畔之所齐限，[4]无风雨霜露，不生鸟兽、虫鱼、草木之类。四方悉平，周以乔陟。[5]当国之中有山，山名壶领，状若甀[6]甄。[7]顶有口，状若员环，名曰滋穴。有水涌出，名曰神瀵，[8]臭过兰椒，味过醪醴。[9]一源分为四埒，注于山下。[10]经营一国，亡不悉遍。[11]土气和，亡札厉。[12]人性婉而从物，[13]不竞不争，柔心而弱骨，不骄不忌，长幼侪居。[14]不君不臣，男女杂游，不媒不聘，[15]缘水而居，不耕不稼。土气温适，不织不衣。百年而死，不夭不病。其民孳阜亡数，[16]有喜乐，亡衰老哀苦。[17]其俗好声，[18]相携而迭谣，[19]终日不辍音。饥惓则饮神瀵，[20]力志和平。过则醉，经旬乃醒。沐浴神瀵，肤色脂泽，香气经旬乃歇。[21]周穆王北游过其国，三年忘归。既反周室，慕其国，憯然自失。[22]不进酒肉、不召嫔御者数月乃复。[23]管仲勉齐桓公因游辽口，俱之其国，几克举。[24]隰朋谏曰：[25]“君舍齐国之广，[26]人民之众，山川之观，殖物之阜，礼义之盛，章服之美，妖靡盈庭，忠良满朝。肆咤则徒卒百万，[27]视撝则诸侯从命，[28]亦奚羡于彼而弃齐国之社稷，从戎夷之国乎？此仲父之耄，奈何从之？”[29]桓公乃止，以隰朋之言告管仲。仲曰：“此固非朋之所及也。[30]臣恐彼国之不可知之也。[31]齐国之富奚恋？[32]隰

朋之言奚顾？"［33］

［1］【张注】游绝垠之外者，非用心之所逮，故寄言迷谬也。

［2］【张注】距，去也。

［3］【卢解】终北者，言其极幽极微，玄默之地。

［4］【释文】齐，子细切。

［5］【张注】山之重垄也。

【释文】《尔雅》云：乔，高曲也。又云：山三袭，陟。郭璞云：重陇也。

【卢解】玄默之境无有际畔，风雨鸟兽群动所不至也。其中坦然至平而已矣。乔陟者，形器之碍。

［6］【张注】担。

［7］【张注】搥。

【释文】甗，丁甘切。甄，直为切。甗甄谓瓦餅也。

［8］【张注】山顶之泉曰濆。

【释文】濆，甫问切。郭璞云：今河东汾阴有水，中如车轮许大，溃沸涌出，其深无底，名曰濆。溃，汾上声。

［9］【释文】椒音焦。醪醴音劳礼。

【卢解】山中喻心，水为慧用，盖神所濆出者。

［10］【张注】山上水流曰埒。

【释文】埒音劣。

［11］【释文】亡音无，下同。

【卢解】通乎四支，遍乎百体，以周形器。

［12］【释文】札，侧入切。札厉，疫死也。

［13］【释文】婉音宛。

［14］【释文】长，张丈切。侪，士皆切。

［15］【释文】"聘"作"娉"：音聘。

［16］【释文】孳，息也。阜，盛也。

［17］【卢解】百骸九窍，应事而用。不争不竞，不相矜夸。含阴含阳，随运而用。其道至柔，不衣不食。衰老所不逐，夭寿所不拘。上士勤之，则至其国矣。

［18］【释文】好，呼报切。

［19］【释文】迭音侄。谣音遥。

［20］【释文】惓音倦。

［21］【卢解】人以气为生，故曰好声也。出入之息，故云不辍。饮食真慧，无杂思，故云醉也。觉虑起，又沐其中，故云泽香。

［22］【释文】憿，昌两切。

［23］【释文】"乃"作"迺"：数，色主切。迺，古"乃"字。

【卢解】周穆王亦曾至其国矣，不能常止其地，故云乃复焉。

［24］【释文】几，其既切。

【卢解】管仲能说其处也，故云"游辽口"。欲往而不能得至，故曰"几克举"也。

［25］【释文】隰音习。

［26］【释文】舍音捨。

［27］【张注】肆疑作叱。

【释文】肆音叱。咤，陟嫁切。卒，子忽切。

［28］【张注】视疑作指。

【释文】视撝音指挥。

［29］【释文】父音甫。耄，莫报切。

【卢解】夫俗之君子，心所言者正在于人民、礼义、章服、声色，是尊贵称情也。

［30］【张注】朋之知极于齐国，岂知彼国之巨伟，故管仲骇之也。

【释文】伟，于鬼切。

［31］【释文】恐，去声。

［32］【释文】恋，力卷切。

[33]【张注】此国自不可得往耳，岂以朋之言故止也。

【卢解】隰朋之所及者不达于此耳。夷吾云，以我之所闻，但恐不得如所传耳，故云恐不可知之也。所审如所传说，往而能到者，则世俗声色富贵何足恋？礼义忠良何足顾哉？

　　南国之人祝发而裸，[1]北国之人鞨巾而裘，[2]中国之人冠冕而裳。九土所资，或农或商，或田或渔，如冬裘夏葛，水舟陆车，默而得之，性而成之。[3]越之东有辄沐[4]之国，[5]其长子生，则鲜而食之，[6]谓之宜弟。其大父死，负其大母而弃之，曰：鬼妻不可以同居处。楚之南有炎人之国，[7]其亲戚死，冯其肉而弃之，[8]然后埋其骨，迺成为孝子。[9]秦之西有仪渠[10]之国者，[11]其亲戚死，聚柴积而焚之。[12]熏则烟上，[13]谓之登遐，然后成为孝子。此上以为政，下以为俗，而未足为异也。[14]

[1]【张注】力果反。

【释文】祝，之六反。孔安国注《尚书》云：祝者，断截其发也。《汉书》云：越人断发文身，以避蛟龙之害。一本作"被"，恐误。裸，乎瓦切，谓不以衣蔽形也。

[2]【释文】鞨音末，方言俗人帞头是也。帞头，幧头也。帞又作鞨，又作帓。帞，亡八反。幧，七消反。

[3]【张注】夫方土所资，自然而能，故吴越之用舟，燕朔之乘马，得之于水陆之宜，不假学于贤智。慎到曰："治水者茨防决塞，虽在夷貊，相似如一。学之于水，不学之于禹也。"

【释文】茨，疾移切。貊音陌。

[4]【张注】又休。

[5]【释文】"沐"作"休"：辄《说文》作耴，猪涉切，耳垂

也。休，美也。盖儋耳之类是也。诸家本作軼沐者误耳。

［6］【释文】长，丁丈切。杜预注《左传》云："人不以寿死曰鲜，谓少也。

［7］【释文】"炎人"作"啖人"：啖，谈去声，本作"炎"。

［8］【释文】殁，本作"呙"，音寡，剔肉也。又音朽。

［9］【释文】迺，古"乃"字。

［10］【张注】又康。

［11］【释文】渠音蘧。

［12］【释文】柴音柴。《说文》：烧柴焚燎以祭天神。或通作柴。积，子智切，聚也。

［13］【释文】熏音勋。上，时掌切。

［14］【张注】此事亦见《墨子》。

【卢解】夫众是则为当，众习则为常。故至当至常，人所不辩。彼习俗者众矣，宁知其至理哉？

　　孔子东游，见两小儿辩斗。[1]问其故。一儿曰："我以日始出时去人近，而日中时远也。一儿以日初出远，而日中时近也。"一儿曰："日初出大如车盖，及日中，则如盘盂，此不为远者小而近者大乎？"一儿曰："日初出沧沧凉凉，[2]及其日中如探汤，此不为近者热而远者凉乎？"[3]孔子不能决也。两小儿笑曰："孰为汝多知乎？"[4]

［1］【释文】斗，都豆切。

［2］【释文】"沧"作"怆"：怆，初良切，又本作"沧"。《周书》曰：天地之间有怆热，善用道者终无竭。孔晁注云：沧，寒也。桓谭《新论》亦述此事作怆凉。晁音潮。《字林》云：凉，微寒也。

［3］【释文】为，于伪切，下同。

［4］【张注】所谓六合之外，圣人存而不论。二童子致笑，未必不达此旨，或互相起予也。

【卢解】圣人之生，所贵明道。达则兼济天下，穷则独善其身。独善者养道以全真，兼济者设教以利物。若进非全道，退非利生，一曲之辩，圣人所以未尝说也。夫不决者，非不知也。世人但以问无不知为多，圣人以辩之无益而不辩。若有理无理一皆辩之，则圣人无益之劳实亦多矣。然则二童之争也，事亦可明。何者？日之初升，光未远，人居光外，见其大焉。日之既中，光备万物，人居光内，见其质焉。亦如远望烛光，更见其大；近窥，则焰乃更以小焉。物理则然，辩之何益？

　　均，天下之至理也，［1］连于形物亦然。［2］均发均县，轻重而发绝，发不均也。［3］均也，其绝也［4］莫绝。［5］人以为不然，［6］自有知其然者也。［7］詹何［8］以独茧丝为纶，［9］芒针为钩，［10］荆篠为竿，［11］剖粒为饵，［12］引盈车之鱼［13］于百仞之渊、汩流之中，［14］纶不绝，钩不伸，竿不挠。［15］楚王闻而异之，召问其故。詹何曰："臣闻先大夫之言，蒲且子之弋也，［16］弱弓纤缴，［17］乘风振之，连双鸧于青云之际。［18］用心专，动手均也。臣因其事，放而学钓。［19］五年始尽其道。当臣之临河持竿，心无杂虑，唯鱼之念。投纶沈钩，手无轻重，物莫能乱。鱼见臣之钩饵，犹沉埃聚沫，吞之不疑。［20］所以能以弱制强，以轻致重也。大王治国诚能若此，则天下可运于一握，将亦奚事哉？"楚王曰："善。"［21］

［1］【张注】物物事事皆平皆均，则理无不至也。

［2］【张注】连，属也。属于器物者，亦须平焉。

【释文】属音烛，下同。

〔3〕【张注】发甚微脆而至不绝者，至均故也。今所以绝者，犹轻重相倾有不均处也。

【释文】脆，七岁切。处，昌据切。

〔4〕【张注】若其均也，宁有绝理。

〔5〕【张注】言不绝也。

〔6〕【张注】凡人不达理也。

〔7〕【张注】会自有知此理为然者。《墨子》亦有此说。

【卢解】夫理之至者，天下无不均，不待均之然后均也。有形之物亦然，当理则自均矣。犹如以发悬重，虽微不绝。绝者不均，均则不绝。世人以为不是，不知理之必然也。

〔8〕【张注】詹何，楚人，以善钓闻于国。

〔9〕【释文】詹音占。茧，古典切。

〔10〕【释文】芒针音亡箴。

〔11〕【释文】本作"条"字。

〔12〕【释文】剖，片口切。粒音立。

〔13〕【张注】《家语》曰："鲲鱼其大盈车。"

〔14〕【释文】汨，古物切，疾也。

〔15〕【张注】夫饰芳饵，挂微钩，下沉青泥，上乘惊波，因水势而施舍，颉顽委纵，与之沉浮。及其弛绝，故生而获也。

【释文】挠，乃孝切，曲木也。饵，仍耳切。挂音卦。舍音捨。颉顽，上胡结切，下户郎切。

〔16〕【张注】蒲且子，古善弋射者。

【释文】且，子余切。

〔17〕【释文】缴音灼。

〔18〕【释文】鹄音仓。

〔19〕【释文】放，分两切。

〔20〕【释文】沫音末。

〔21〕【张注】善其此谕者，以讽其用治国矣。

【卢解】夫圣人之理俗也，必审万物之情，而设教化以运之，则百姓日用而不知，靡然无不应。亦犹弱弓纤缴，乘风而振之；轻钩微饵，因波而运之，则不得不为我所制也。道者之养生全真，含生靡然以向化，则理天下者亦由兹道焉。

　　鲁公扈、赵齐婴二人有疾，[1]同请扁鹊求治。[2]扁鹊治之。既同愈。谓公扈、齐婴曰："汝曩之所疾，自外而干府藏者，[3]固药石之所已。今有偕生之疾，与体偕长，[4]今为汝攻之，何如？"[5]二人曰："愿先闻其验。"扁鹊谓公扈曰："汝志强而气弱，故足于谋而寡于断。[6]齐婴志弱而气强，故少于虑而伤于专。[7]若换汝之心，则均于善矣。"扁鹊遂饮二人毒酒，[8]迷死三日，剖胸探心，[9]易而置之。投以神药，既悟如初。二人辞归。于是公扈反齐婴之室，而有其妻子，妻子弗识。齐婴亦反公扈之室，有其妻子，妻子亦弗识。[10]二室因相与讼，求辨于扁鹊。扁鹊辨其所由，讼乃已。[11]

[1]【释文】扈音户。

[2]【释文】扁，蒲典切。《史记》曰：扁鹊者，渤海郡人，姓秦氏，名越人，善医，能视病，尽见五脏之疾。

[3]【释文】云，曩，乃朗切。藏，徂朗切，下同。

[4]【释文】长，张丈切。

[5]【释文】为，于伪切。

[6]【张注】志谓心智，气谓质性。智多故多虑，性弱故少决也。

【释文】断，丁贯切，下同。

[7]【张注】智少而任性，则果而自用。

[8]【释文】饮，於禁切。

[9]【释文】剖，片口切。

[10]【张注】二子易心，乘其本识，故各反其家，各非故形，故妻子不识也。

[11]【张注】此言恢诞，乃书记少有。然魏世华他能刳肠易胃，湔洗五藏，天下理自有不可思议者，信亦不可以臆断，故宜存而不论也。

【释文】华，户化切。他音陁。刳音枯。湔，则前切。洗，先礼切。议音宜。臆音忆。

【卢解】夫形体者，无知之物也；神识者，有知之主也。守乎本则真全而合道，滞乎质则失性而徇情。俗人徒见形之有憎爱，不知神之为主宰也。今言易其心而各有妻子者，明心为情主，形实无知耳。所以道者贵乎养神也。

　　瓠巴鼓琴而鸟舞鱼跃，[1]郑师文闻之，[2]弃家从师襄游。[3]柱指钩弦，三年不成章。[4]师襄曰："子可以归矣。"[5]师文舍其琴，[6]叹曰："文非弦之不能钩，非章之不能成。文所存者不在弦，所志者不在声。[7]内不得于心，外不应于器，故不敢发手而动弦。[8]且小假之，以观其后。"无几何，复见师襄。[9]师襄曰："子之琴何如？"师文曰："得之矣。请尝试之。"[10]于是当春而叩商弦以召南吕，[11]凉风忽至，[12]草木成实。[13]及秋而叩角弦以激夹锺，[14]温风徐回，草木发荣。[15]当夏而叩羽弦以召黄钟，[16]霜雪交下，川池暴沍。[17]及冬而叩徵弦以激蕤宾，[18]阳光炽烈，坚冰立散。[19]将终，命宫而总四弦，则景风翔，庆云浮，甘露降，澧泉涌。[20]师襄乃抚心高蹈曰："微矣子之弹也！虽师旷之清角，[21]邹衍之吹律，[22]

亡以加之。^[23]彼将挟琴执管而从子之后耳。"^[24]

[1]【张注】匏巴，古善鼓琴人也。

【释文】"匏"作"瓠"：瓠音护。

[2]【张注】师文，郑国乐师。

[3]【张注】师襄亦古之善琴人也，从其游学。

[4]【张注】安指调弦，三年不能成曲。

【释文】柱，一本作"住"。钧音均。

[5]【张注】嫌其难教。

[6]【释文】"舍其琴"作"舍琴"：舍音捨。

[7]【张注】遗弦声然后能尽声弦之用也。

[8]【张注】心、手、器三者互应不相违失而后和音发矣。

【释文】应，於证切。和，胡卧切。

【卢解】人知以形习声，不知辩声运形者神也。若心不应器，虽
成而不精。若极声之能，尽形之妙，理须神契而心自得也。

[9]【释文】几，居岂切。复，扶又切。

[10]【卢解】得于心，应乎器，然后习其声以通乎神矣。

[11]【张注】商，金音，属秋。南吕，八月律。

【释文】叩，口候切。

[12]【释文】忽至，一本作"总至"，误也。

[13]【张注】得秋气，故成熟。

[14]【张注】角，木音，属春。夹锺，二月律。

【释文】激音击。夹，古洽切。

[15]【张注】得春气，故荣华。

[16]【张注】羽，水音，属冬。黄钟，十一月律。

【释文】羽，王遇切。

[17]【张注】得冬气，故凝阴水冻。

【释文】暴，薄报切。沍，胡古切。

[18]【张注】徵，火音，属夏。蕤宾，五月律。

【释文】徵，陟里切。蕤，儒佳切。

[19]【张注】得夏气，故消释。此一时弹琴，无缘顿变四节。盖举一时之验，则三时可知，且欲并言其所感之妙耳。

【释文】炽，尺志切。

[20]【张注】至和之所致也。

【释文】澧音礼。

[21]【张注】师旷为晋平公奏清角，一奏之，有白云从西北起；再奏之，大风至而雨随之；三奏之，裂帷幕，破俎豆，飞廊瓦，左右皆奔走，平公恐伏，晋国大旱，赤地三年。平公得声者或吉或凶也。

【释文】为，於伪切。

[22]【张注】北方有地，美而寒，不生五谷。邹子吹律暖之，而禾黍滋也。

【释文】邹，侧尤切。衍，以战切。齐人，为燕昭王师，居稷下，号谈天衍。著书四十九篇。又有《终始》五十六篇。

[23]【释文】亡音无。

[24]【释文】挟音协。

【卢解】成性所行动，然而应阴阳之数，四时之序，水火且不能焚溺，况风雨寒燠之气哉？故《易》曰："先天而天弗违，况于人乎？况于鬼神乎？"此之谓也。谓之声律而变者，不因四时也。

薛谭学讴于秦青，[1]未穷青之技，[2]自谓尽之，遂辞归。秦青弗止，饯于郊衢，抚节悲歌，声振林木，响遏行云。[3]薛谭乃谢求反，终身不敢言归。秦青顾谓其友曰："昔韩娥[4]东之齐，匮粮，过雍门，[5]鬻歌假食。[6]既去而馀音绕梁欐，[7]三日不绝，左右以其人弗去。过逆旅，逆旅人辱之。韩娥因曼声哀哭，[8]一里老幼悲愁，[9]垂涕相对，[10]三日不食。遽而追之。娥还，复为曼声长歌。[11]一里长幼喜跃抃舞，[12]弗能自禁，[13]忘向之悲也。乃厚赂发之。[14]故雍门之人至今善歌哭，放娥之遗声。"[15]

[1]【张注】此二人，秦国之善歌者。

【释文】讴音欧。

[2]【释文】技，渠绮切。

[3]【释文】遏，乌葛切。

[4]【张注】韩国善歌者也。

[5]【释文】过音戈。雍音邕。雍门，地名。杜预曰："齐城门也"。

[6]【释文】鬻音育。

[7]【释文】欐音丽，屋栋也。

[8]【张注】曼声犹长引也。

【释文】曼声，引声也。

[9]【释文】一里，一本作"十里"。

[10]【释文】涕音体，目汁也。

[11]【释文】复，扶又切。

[12]【释文】抃音汴。

[13]【释文】禁音金。

[14]【张注】发犹遣也。

[15]【张注】六国时有雍门子，名周，善琴，又善哭，以哭干孟尝君。

【释文】放，分两切。

【卢解】夫六根所用皆能获通。通则妙应无方，非独心识而已。故鲁公扈章直言心用，瓠巴以下乃从声通焉。

伯牙善鼓琴，锺子期善听。伯牙鼓琴，志在登高山。

锺子期曰："善哉！峨峨兮若泰山！"[1]志在流水。锺子期曰："善哉！洋洋兮若江河！"伯牙所念，锺子期必得之。伯牙游于泰山之阴，卒逢暴雨，[2]止于岩下，心悲，乃援琴而鼓之。初为霖雨之操，[3]更造崩山之音。曲每奏，锺子期辄穷其趣。伯牙乃舍琴而叹曰：[4]"善哉，善哉，子之听夫！志想象犹吾心也。[5]吾于何逃声哉？"[6]

[1]【释文】峨音娥。

[2]【释文】卒，村入声。

[3]【释文】"霖"作"淋"：淋音林。操，七到切。

[4]【释文】舍音捨。

[5]【张注】言心闇合与己无异。

【释文】夫音符。

[6]【张注】发音锺子期已得其心，则无处藏其声也。

【卢解】夫声之所成，因而感之；心之所起，声则随之。所以五根皆通，尽为识心所传。善于听者，謦咳犹知之，况复声成于文，安可不辩耶？

周穆王西巡狩，越昆仑，不至弇山。[1]反还，未及中国，道有献工人名偃师，[2]穆王荐之，[3]问曰："若有何能？"偃师曰："臣唯命所试。然臣已有所造，愿王先观之。"穆王曰："日以俱来，[4]吾与若俱观之。"[5]越日偃师谒见王。[6]王荐之，曰："若与偕来者何人邪？"对曰："臣之所造能倡者。"[7]穆王惊视之，趣步俯仰，信人也。[8]巧夫鎮其颐，则歌合律；[9]捧其手，则舞应节。千变万化，惟意所适。王以为实人也，与盛姬内御并观之。[10]技将终，倡者瞬其目而招王之左右侍妾。[11]王大怒，立欲诛偃师。偃师大慑，[12]立剖散倡者以示王，皆傅会革木、胶漆、白黑、丹青之所为。[13]王谛料之，[14]内则肝胆、心肺、脾肾、肠胃，[15]外则筋骨、支节、皮毛、齿发，[16]皆假物也，而无不毕具者。合会复如初见。[17]王试废其心，则口不能言；废其肝，则目不能视；废其肾，则足不能步。[18]穆王始悦而叹曰：[19]"人之巧乃可与造化者同功乎？"诏贰车载之以归。[20]夫班输之云梯，[21]墨翟之飞鸢，[22]自谓能之极也。[23]弟子东门贾禽滑厘闻偃师之巧以告二子，[24]二子终身不敢语艺，而时执规矩。[25]

[1]【释文】弇音奄。弇山，日入之所。

[2]【张注】中道有国献此工巧之人也。

[3]【张注】荐，当作"进"。

【释文】荐，《广雅》音进，下同。

[4]【张注】日谓别日。

[5]【卢解】神用之妙，岂唯声哉？色、香、滋味咸及其理矣。故此章言刻象之尽微。

[6]【释文】越日，一本作"翼日"。见，贤遍切，下同。

[7]【张注】倡，俳优也。

【释文】倡音昌。俳，步皆切。

[8]【释文】趣音趋。

[9]【释文】夫音符。頷，驱音切，曲颐也。又五感反。頷犹摇头也。颐音夷。

[10]【张注】《穆天子传》云：盛姬，穆王之美人。

[11]【释文】"瞬"作"瞚"：瞚音舜。

[12]【释文】慑，而涉切。

[13]【释文】傅音附。

[14]【释文】谛，都计切。料，力吊切。

〔15〕【释文】肝音干。胆，丁感切。肺，芳吠切。脾音毗。肾上声。

〔16〕【释文】筋音巾。

〔17〕【张注】如向者之始见王也。

【释文】复，扶又切，又如字。

〔18〕【张注】此皆以机关相使，去其机关之主，则不能相制御。亦如人五藏有病，皆外应七孔与四支也。

【卢解】夫内肝、胆、心、肺所以能外为视、听、行步，神识运之，乃为生物耳。苟无神，则不能用其五根矣。今造化之生物，亦何异于偃师之所造耶？若使无神，自同于草木。神苟在也，动用何足奇耶？木人用偃师之神，故宜类彼生物也。神工造极，化何远哉！

〔19〕【释文】而叹，一本作"姑叹"。

〔20〕【张注】近世人有言人灵因机关而生者，何者？造化之功至妙，故万品咸育，运动无方。人艺粗拙，但写载成形，块然而已。至于巧极则几乎造化，似或依此言而生此说，而此书既自尔。所以明此义者，直以巧极思之无方，不可以常理限，故每举物极以祛近惑，岂谓物无神主邪？斯失之远矣。

【释文】几音祈。

〔21〕【释文】梯，他兮切。

〔22〕【释文】翟音狄。鸢音缘。

〔23〕【张注】班输作云梯，可以凌虚仰攻。墨子作木鸢，飞三日不集。

〔24〕【释文】滑厘音骨狸，墨翟弟子也。

〔25〕【张注】时执规矩，言其不敢数之也。

【释文】数音朔。

【卢解】夫偃师之精微，神合造物，班输之辈但巧尽机关。以明至妙之功，不可独循规矩也。

甘蝇，古之善射者，[1]彀弓而兽伏鸟下，[2]弟子名飞卫，学射于甘蝇，而巧过其师。纪昌者，又学射于飞卫。飞卫曰："尔先学不瞬，而后可言射矣。"纪昌归，偃卧其妻之机下，以目承牵挺。[3]二年之后，虽锥末倒眦而不瞬也。[4]以告飞卫。飞卫曰："未也，[5]必学视而后可。[6]视小如大，视微如著，而后告我。"[7]昌以牦悬虱于牖，南面而望之。[8]旬日之间，浸大也。[9]三年之后，如车轮焉。以睹馀物，皆丘山也。[10]及以燕角之弧、朔蓬之簳射之，[11]贯虱之心，而悬不绝。[12]以告飞卫。飞卫高蹈拊膺曰：[13]"汝得之矣！"[14]纪昌既尽卫之术，计天下之敌己者，一人而已，乃谋杀飞卫。[15]相遇于野，二人交射，中路矢锋相触，而坠于地，[16]而尘不扬。飞卫之矢先穷。[17]纪昌遗一矢，既发，飞卫以棘刺之端扞之，而无差焉。[18]于是二子泣而投弓，相拜于涂，请为父子。克臂以誓，[19]不得告术于人。[20]

[1]【释文】蝇，余陵切。

[2]【张注】箭无虚发，而兽鸟不敢逸。《战国策》云，"更嬴虚发而鸟下也"。

【释文】彀音拘，张弓也。更，古行切。嬴音盈。

[3]【张注】牵挺，机蹑。

【释文】挺，徒鼎切。蹑，女辄切。

[4]【释文】锥音佳。倒，都导切。眦，在诣切。

[5]【卢解】夫虚弓下鸟者，艺之妙也；巧过其师者，通于神也。妙在所习，神在精微也。先学不瞬，精之至也。以目承蹑而不动者，神定之矣。定而未能用，故曰犹未也。

[6]【释文】"必"作"亚"：亚，乌嫁切，次也。一本作"必学"，非也。

【卢解】此用不瞬以为视也。

［7］【卢解】视，审也，则见小如大矣。

［8］【释文】"虱"作"蝨"：牦音毛。蝨，所乙切。

［9］【释文】浸，子禁切。

［10］【张注】视虱如轮，则馀物称此而大焉。

【释文】称，尺证切。

［11］【释文】燕音烟。弧音狐。簳音干。射，食亦切。

［12］【张注】以彊弓劲矢贯虱之心，言其用手之妙也。

【释文】"彊"作"强"：强，其两切。

［13］【释文】拊膺音抚鹰。

［14］【卢解】视小如大，贯之不足为难。

［15］【卢解】欲摧其能，拟过其师法耳。欲灭飞卫之名，非谓断其命也矣。

［16］【释文】锋音峰。坠，一本作"队"。

［17］【张注】穷，尽也。

［18］【释文】扞音汗。

【卢解】二矢同道相及而势尽，故坠地而尘不飞者，微之甚也。以棘刺扞之不差，审之至也。

［19］【释文】《淮南子》曰："中国婴血，越人契臂，其一也。"许慎云："克臂出血也。"婴，所甲反。

［20］【张注】秘其道也。此一章义例已详于《仲尼篇》也。

【卢解】此所谓神交而意得也，非矢之艺，故投弓而誓焉。神契方传矣，故不得以术告之也。

造父之师曰泰豆氏。[1]造父之始从习御也，执礼甚卑，泰豆三年不告。造父执礼愈谨，乃告之曰："古诗言：'良弓之子，必先为箕；良冶之子，必先为裘。'[2]汝先观吾趣。[3]趣如吾，然后六辔可持，[4]六马可御。"造父曰："唯命所从。"泰豆乃立木为涂，仅可容足，[5]计步而置，[6]履之而行。趣走往还，无跌失也。[7]造父学之，三日尽其巧。泰豆叹曰："子何其敏也？得之捷乎！[8]凡所御者，亦如此也。[9]曩汝之行，得之于足，应之于心。推于御也，齐辑乎辔衔之际，[10]而急缓乎唇吻之和，正度乎胸臆之中，[11]而执节乎掌握之间。内得于中心，而外合于马志，是故能进退履绳而旋曲中规矩，[12]取道致远而气力有馀，诚得其术也。得之于衔，应之于辔；得之于辔，应之于手；得之于手，应之于心。则不以目视，[13]不以策驱，心闲体正，六辔不乱，而二十四蹄所投无差，回旋进退，莫不中节。[14]然后舆轮之外可使无馀辙，马蹄之外可使无馀地，未尝觉山谷之崄，原隰之夷，视之一也。吾术穷矣。汝其识之！"[15]

[1]【张注】泰豆氏见诸杂书记。

【释文】造，七到切。父音甫。

[2]【张注】箕裘皆须柔屈补接而后成器。为弓冶者，调筋角，和金铁亦然。故学者必先攻其所易，然后能成其所难，所以为谕也。

【释文】易，以豉切。

【卢解】箕者，所以造弓之具也；裘者，所以扇冶之具也。老子以为橐籥，今之鞴袋也。彼以约弓之床，此以扇火之鞴，非弓冶，而弓冶必资之也。

[3]【张注】趣，行也。

【释文】趣音趋，下同。

[4]【释文】辔音秘。

[5]【张注】才得安脚。

【释文】仅音觐。

［6］【张注】疏概如其步数。

【释文】概音冀，稠也。

［7］【释文】跌音凸。

［8］【张注】敏，疾也。捷，速也。

【释文】捷，疾叶切。

［9］【卢解】立木如足，布之如步。《庄子》云：侧足之外皆去其土，则不能履之者，心不定也。若御马者亦如使其足，则妙矣。

［10］【释文】辑音集。《说文》云：辑，车舆也。此言造父善御，得车舆之齐整在于辔衔之际，喻人君得民心则国安矣。

［11］【释文】吻，武粉切。臆音忆。

［12］【释文】中，丁仲切，下同。

［13］【释文】"视"作"眠"：眠音视，本又作眹。

［14］【张注】与和鸾之声相应也。

［15］【张注】夫行之所践，容足而已。足外无馀而人不敢践者，此心不夷，体不闲故也。心夷体闲，即进止有常数，迟疾有常度。苟尽其妙，非但施之于身，乃可行之于物。虽六辔之烦，马足之众，调之有道，不患其乱。故轮外不恃无用之辙，蹄外不赖无用之地，可不谓然也。

【释文】识音志。

【卢解】庄生解牛云：其骨也有间，其刀刃也无厚。无厚入有间，恢恢然有馀地也。言其理则多暇也。不视足外之地，则其志专。志专则运足如其心矣。若移之于辔衔，易之于驵骏，当辙应足，何所倾危？世人皆求其末而不知其本，识真之士必求其本然后用之，故射御之末艺犹须合道焉。

魏黑卵以暱嫌杀丘邴章，[1]丘邴章之子来丹谋报父之仇。丹气甚猛，形甚露，计粒而食，顺风而趋。虽怒，不能称兵以报之。[2]耻假力于人，誓手剑以屠黑卵。黑卵悍志绝众，[3]力抗百夫。节骨皮肉，非人类也。延颈承刀，披胸受矢，铓锷摧屈，而体无痕挞。[4]负其材力，视来丹犹雏鷇也。[5]来丹之友申他[6]曰："子怨黑卵至矣，黑卵之易子过矣，[7]将奚谋焉？"来丹垂涕曰："愿子为我谋。"[8]申他曰："吾闻卫孔周其祖得殷帝之宝剑，一童子服之，[9]却三军之众，奚不请焉？"[10]来丹遂适卫，见孔周，执仆御之礼，请先纳妻子，后言所欲。孔周曰："吾有三剑，唯子所择，皆不能杀人，且先言其状。一曰含光，视之不可见，运之不知有。其所触也，泯然无际，[11]经物而物不觉。二曰承影，将旦昧爽之交，日夕昏明之际，北面而察之，淡淡焉若有物存，[12]莫识其状。其所触也，窃窃然有声，经物而物不疾也。三曰宵练，方昼则见影而不见光，[13]方夜见光而不见形。[14]其触物也，骇然而过，[15]随过随合，觉疾而不血刃焉。此三宝者，传之十三世矣，[16]而无施于事。[17]匣而藏之，[18]未尝启封。"来丹曰："虽然，吾必请其下者。"孔周乃归其妻子，与斋七日。晏阴之间，[19]跪而授其下剑，来丹再拜受之以归。[20]来丹遂执剑从黑卵。时黑卵之醉偃于牖下，自颈至腰三斩之。[21]黑卵不觉。来丹以黑卵之死，趣而退。[22]遇黑卵之子于门，击之三下，如投虚。黑卵之子方笑曰："汝何蚩而三招予？"[23]来丹知剑之不能杀人也，叹而归。黑卵既醒，怒其妻曰："醉而露我，使我嗌疾而腰急。"[24]其子曰："畴昔来丹之来，遇我于门，三招我，亦使我体疾而支彊。[25]彼其厌我哉！"[26]

[1]【张注】瞋嫌，私恨。

【释文】瞋，尼质切。邴，鄙咏切。

【卢解】夫以私嫌而杀伤，嗜欲而夭物者，皆世俗之常情，非有道之士也。

［2］【张注】有胆气而体羸虚，不能举兵器也。

【释文】称，尺证切。羸，力为切。

［3］【释文】悍音旱。

［4］【释文】铓锷音亡咢。痕，户恩切。挞，他达切。

［5］【释文】"雏"作"鷇"：鷇，助俱切。鷇音寇。生而须哺曰鷇，自食曰鷇。

［6］【释文】"他"作"佗"：佗音陀，或音拖，一本作"抱"。

［7］【释文】易，以豉切。

［8］【释文】为，于伪切。

［9］【释文】"童"作"僮"：僮音同。

［10］【卢解】天地至精之物但以威制于三军。若以断割为功，非至精者也。

［11］【释文】泯，亡忍切。

［12］【释文】淡音艳。

［13］【张注】与日月同色也。

［14］【张注】言其照夜。

［15］【张注】騞，休壁切。

【释文】騞，呼麦反，破声。

［16］【释文】传，丈专切。

［17］【张注】不能害物。

［18］【释文】"匣"作"柙"：柙与匣同。

［19］【张注】晏，晚暮也。

［20］【张注】以其可执可见，故受其下者。

【卢解】器珍者则害物深。至道至精，无所伤物。

［21］【释文】"腰"作"要"：要，於宵切，下同。

［22］【释文】趣音趋。

［23］【释文】招，一本作"拈"，奴兼切，指取物也。又音点。

［24］【释文】嗌音益，喉上也。

［25］【释文】"彊"作"强"：强，其两切。

［26］【释文】厌，於染切，本又作压，乌狎切。

【卢解】夫道至之人无伤于万物，万物之害亦所不能伤焉。故毒虫不螫，猛兽不攫。故物之至精者亦无伤。《老子》曰："其神不伤人。"是以圣人贵夫知者何？以其不伤于万物者也。

周穆王大征西戎，西戎献锟铻之剑，[1]火浣之布。[2]其剑长尺有咫，[3]练钢赤刃，[4]用之切玉如切泥焉。火浣之布，浣之必投于火，布则火色，垢则布色，出火而振之，皓然疑乎雪。[5]皇子以为无此物，传之者妄。萧叔曰："皇子果于自信，果于诬理哉！"[6]

［1］【释文】昆吾，龙剑也。《河图》曰：瀛洲多积石，名昆吾，可为剑。《尸子》云：昆吾之剑可切玉。

［2］【释文】浣音缓。《异物志》云：新调国有火州，有木及鼠，取其皮毛为布，名曰火浣。

［3］【释文】咫音止，八寸曰咫。

［4］【释文】钢音刚。

［5］【张注】此《周书》所云。

【释文】"皓"作"暠"：音缟，又作皓，胡老切。

［6］【张注】此一章断后，而说切玉刀火浣布者，明上之所载皆事实之言，因此二物无虚妄者。

【释文】断，大贯切。

【卢解】夫金之不能切玉者，非器之利也；布之不能浣于火火不烧者，物之异也。天地之内，万物之多，有可以理求者，亦有非理所及者。然则玉虽坚，有可刻之理；剑虽铁，有必断之锋也。以必断之锋当可刻之物，不入者，自非至利耳。非无可切之理焉，况已有之，何所疑也？又动植之类，其性不同，有因水火而生者，有因水火而杀者。故火山之鼠得火而生，风生之兽得风而活，人约空立，鱼约水存。然则火浣之纑，非纻非麻。用火鼠毛布名与中国等，火与鼠毛同，此复何足为怪也？果于自信，不达矣夫！

卷 六

力命[1]第六

力谓命曰："若之功奚若我哉？"命曰："汝奚功于物而欲比朕？"力曰："寿夭、穷达，贵贱、贫富，我力之所能也。"命曰："彭祖之智不出尧舜之上，而寿八百；颜渊之才不出众人之下，而寿十八。仲尼之德不出诸侯之下，而困于陈蔡；殷纣之行不出三仁之上，而居君位。[2]季札无爵于吴，[3]田恒专有齐国。夷齐饿于首阳，季氏富于展禽。若是汝力之所能，奈何寿彼而夭此，穷圣而达逆，贱贤而贵愚，贫善而富恶邪？"力曰："若如若言，我固无功于物，而物若此邪，此则若之所制邪？"命曰："既谓之命，奈何有制之者邪？朕直而推之，曲而任之。自寿自夭，自穷自达，自贵自贱，自富自贫，[4]朕岂能识之哉？朕岂能识之哉！"[5]

[1]【张注】命者，必然之期，素定之分也。虽此事未验，而此理已然。若以寿夭存于御养，穷达系于智力，此惑于天理也。

【释文】分，符问切。夭，於兆切。系音计。

【卢解】命者，必定之分，非力不成；力者，进取之力，非命不就。有其命者必资其力，有其力者或副其命。亦有力之不能致者，无命也；恃命而不力求者，候时也。信命不信力者，失之远矣；信力不信命者，亦非当也。

[2]【释文】行，下孟切。

　　〔3〕【释文】季札，吴太伯之后，贤而让位，弃其室而耕。后封于延陵，故号曰延陵季子。

　　〔4〕【张注】不知所以然而然者，命也，岂可以制也？

　　〔5〕【张注】此篇明万物皆有命，则智力无施。《杨朱篇》言人皆肆情，则制不由命。义例不一，似相违反。然治乱推移，爱恶相攻，情伪万端，故要时竞，其弊孰知所以？是以圣人两存而不辨。将以大扶名教，而致弊之由不可都塞。或有恃诈力以干时命者，则楚子问鼎于周，无知乱适于齐；或有矫天真以殉名者，则夷齐守饿西山，仲由被醢于卫。故列子叩其二端，使万物自求其中。苟得其中，则智动者不以权力乱其素分，矜名者不以矫抑亏其形生。发言之旨其在于斯。呜呼！览者可不察哉！

　　【释文】恶，乌路切。适音的。殉，本作"徇"，求也。醢音海。叩音寇。

　　【卢解】命者，天也；力者，人也。命能成之，力能运之，故曰运命也。《庄子》曰："知不可奈何，安之若命。"是力不能运也。孔子曰："五十而知天命。""不知命，无以为君子也。"然历国应聘而思执鞭之士，是不忘力也。

　　北宫子谓西门子曰："朕与子并世也，而人子达；并族也，而人子敬；并貌也，而人子爱；并言也，而人子庸；并行也，而人子诚；〔1〕并仕也，而人子贵；并农也，而人子富；并商也，而人子利。朕衣则裋褐，〔2〕食则粢粝，〔3〕居则蓬室，出则徒行。子衣则文锦，食则粱肉，居则连欐，〔4〕出则结驷。在家熙然有弃朕之心，〔5〕在朝谔然有敖朕之色。〔6〕请谒不及相，遨游不同行，固有年矣。子自以德过朕邪？"西门子曰："予无以知其实。汝造事而穷，予造事而达，此厚薄之验欤？〔7〕而皆谓与予并，汝之颜厚矣。"

北宫子无以应，自失而归。中途遇东郭先生。先生曰："汝奚往而反，偊偊而步，有深愧之色邪？"[8]北宫子言其状。东郭先生曰："吾将舍汝之愧，[9]与汝更之西门氏而问之。"曰："汝奚辱北宫子之深乎？固且言之。"西门子曰："北宫子言世族、年貌、言行与予并，而贱贵、贫富与予异。[10]予语之曰：[11]予无以知其实。汝造事而穷，予造事而达，此将厚薄之验欤？而皆谓与予并，汝之颜厚矣。"东郭先生曰："汝之言厚薄不过言才德之差，吾之言厚薄异于是矣。夫北宫子厚于德，薄于命，汝厚于命，薄于德。汝之达，非智得也；北宫子之穷，非愚失也。皆天也，非人也。[12]而汝以命厚自矜，北宫子以德厚自愧。皆不识夫固然之理矣。[13]西门子曰："先生止矣！予不敢复言。"[14]北宫子既归，衣其裋褐，有狐貉之温；[15]进其茙菽，有稻粱之味；[16]庇其蓬室，若广厦之荫；[17]乘其筚辂，若文轩之饰。[18]终身逌然，[19]不知荣辱之在彼也，在我也。[20]东郭先生闻之曰："北宫子之寐久矣，一言而能寤，易悟也哉！"[21]

[1]【释文】行，下孟切。

[2]【释文】裋音竖。褐音曷。《方言》：裋，复襦也。许慎注《淮南子》云：楚人谓袍为裋。《说文》云：粗衣也。又敝布襦也。又云：襜褕短者曰裋褕。有作短褐者误。《荀子》作竖褐，杨倞注云，僮竖之褐，于义亦曲。

[3]【释文】粢，即夷切。粝，令达切。粢，稻饼也。《声类》：粝米不碎。《史记》曰：陈平食糠粝。孟康云：麦糠中不破者是也。盖谓粗春粟麦为粢饼食之。

[4]【释文】櫺音丽，屋栋。

[5]【释文】熙音怡。《字林》云：欢笑也。

〔6〕【释文】朝音潮。谔音鄂。敖音傲。

〔7〕【张注】谓德有厚薄也。

【卢解】吾所造皆达，汝所造皆穷，德之厚薄可见矣。

〔8〕【释文】偊，丘羽切，本或作踽。《字林》云：疏行貌。

〔9〕【释文】舍音捨。

〔10〕【释文】行，下孟切。

〔11〕【释文】语，鱼据切。

〔12〕【张注】此自然而然，非由人事巧拙也。

〔13〕【释文】夫音符。

〔14〕【张注】闻理而服。

【释文】复，扶又切。

【卢解】西门子求之而遂，命也；北宫子求之不遂，亦命也。不知命则有自矜之色，自知命则无忧愧之心。得与不得，非智愚，非才德也。西门子不敢复言者，知命之遂，不敢恃德也。

〔15〕【释文】衣，于既切。狐貉音壶鹤字。

〔16〕【释文】茇菽音戎叔。《尔雅》云：茇菽谓之荏菽，即胡豆也。《管子》云：齐桓公北之岱山，采得冬葱及茇菽，布之天下。郑玄云：即大豆也。

〔17〕【释文】庇，必利切。

〔18〕【释文】"篳"作"荜"：荜音必，辂音路，《左传》云：柴车也。

〔19〕【释文】逌音由。逌然，自得貌。后《杨朱篇》音同。

〔20〕【张注】一达于理，则外物多少不足以概意也。

【释文】概，古代切。

【卢解】知命则不忧不愧，亦不知德之厚薄也。

〔21〕【释文】"悟"作"悟"：悟，当割切，或作悟者非。

【卢解】寐者言未觉也。及其寤也，乃悟之常耳。

管夷吾、鲍叔牙二人相友甚戚，[1]同处于齐。管夷吾事公子纠，[2]鲍叔牙事公子小白。齐公族多宠，嫡庶并行。[3]国人惧乱。管仲与召忽奉公子纠奔鲁，[4]鲍叔奉公子小白奔莒。[5]既而公孙无知作乱，[6]齐无君，二公子争入。管夷吾与小白战于莒，道射中小白带钩。[7]小白既立，[8]胁鲁杀子纠，[9]召忽死之，管夷吾被囚。[10]鲍叔牙谓桓公曰："管夷吾能，可以治国。"[11]桓公曰："我仇也，愿杀之。"鲍叔牙曰："吾闻贤君无私怨，且人能为其主，亦必能为人君。[12]如欲霸王，[13]非夷吾其弗可。君必舍之！"[14]遂召管仲。鲁归之，齐鲍叔牙郊迎，释其囚。桓公礼之，[15]而位于高国之上，鲍叔牙以身下之，[16]任以国政，号曰仲父。[17]桓公遂霸。管仲尝叹曰："吾少穷困时，尝与鲍叔贾，[18]分财多自与，鲍叔不以我为贪，知我贫也。吾尝为鲍叔谋事而大穷困，[19]鲍叔不以我为愚，知时有利不利也。吾尝三仕，三见逐于君，鲍叔不以我为不肖，知我不遭时也。吾尝三战三北，鲍叔不以我为怯，知我有老母也。公子纠败，召忽死之，吾幽囚受辱，鲍叔不以我为无耻，知我不羞小节而耻名不显于天下也。生我者父母，知我者鲍叔也！"此世称管鲍善交者，小白善用能者。然实无善交，实无用能也。实无善交实无用能者，非更有善交，更有善用能也。[20]召忽非能死，不得不死；鲍叔非能举贤，不得不举；小白非能用仇，不得不用。[21]及管夷吾有病，小白问之，曰："仲父之病病矣，可不讳云。[22]至于大病，则寡人恶乎属国而可？"[23]夷吾曰："公谁欲欤？"[24]小白曰："鲍叔牙可。"曰："不可，其为人也，洁廉善士也，[25]其于不己若者不比之人，[26]一闻人之过，终身不忘。[27]使之理国，上且钩乎君，下且逆乎民。[28]其得罪于君也，将弗久矣。"小白曰："然则孰可？"对曰：

"勿已，则隰朋可。^[29]其为人也，上忘而下不叛，^[30]愧其不若黄帝而哀不己若者。^[31]以德分人谓之圣人，^[32]以财分人谓之贤人。^[33]以贤临人，未有得人者也；^[34]以贤下人者，未有不得人者也。^[35]其于国有不闻也，其于家有不见也。^[36]勿已，则隰朋可。"^[37]然则管夷吾非薄鲍叔也，不得不薄；非厚隰朋也，不得不厚。厚之于始，或薄之于终；薄之于终，或厚之于始。厚薄之去来，弗由我也。^[38]

[1]【释文】管夷吾、鲍叔牙并颍上人也。鲍牙，齐大夫，冢在瀛州。

[2]【释文】纠，规西切。

[3]【张注】齐僖公母弟夷仲年生公孙无知，僖公爱之，令礼秩同于太子也。

【释文】嫡音的。僖，许其切，或作厘。

[4]【张注】纠，襄公之次弟。

【释文】召，本作"邵"。

[5]【张注】小白，纠之次弟。

【释文】莒音举。

[6]【张注】襄公立，绌无知秩服，遂杀襄公而自立。国人寻杀之。

【释文】绌音黜，又式忽切。秩音帙。杀音试。

[7]【释文】射，食亦切。中，丁仲切。

[8]【张注】小白即桓公也。

[9]【释文】"胁"作"擒"：又作胁。

[10]【张注】齐告鲁曰：子纠兄弟，弗忍加诛，请杀之。召忽、管仲，仇也，请得而甘心醢之。不然，将灭鲁。鲁患之，遂杀子纠。召忽自杀，管仲请囚也。

[11]【释文】治，直吏切。

［12］【释文】为，于伪切。

［13］【释文】王，于况切。

［14］【释文】舍音释。

［15］【张注】鲍叔亲迎管仲于堂阜而脱其桎梏，于齐郊而见桓公也。

【释文】阜音妇。贾逵曰：堂阜，鲁之北境。杜预曰：齐地，东莞。见，贤遍切。

［16］【张注】高国，齐之世族。

【释文】下，遐嫁切。

［17］【释文】父音甫。

［18］【释文】贾音古。

［19］【释文】为，于伪切。

［20］【张注】此明理无善交用能，非但管鲍桓公而已。

【卢解】言其命之所应用，则因交而获申，非是更别有善交用能也。然则恃才获用者命也，因交而达者力也，非惟天时，抑有人谋人力而遂者，皆归于命。命之来也，鲍叔不得不尽力，桓公不得不用之。皆命矣夫！

［21］【张注】此皆冥中自相驱使，非人力所制也。

【卢解】皆命成于力，力成于命，非有私焉。

［22］【张注】言病之甚，不可复讳而不言也。

【释文】复，扶又切。

【卢解】将死不可讳言。

［23］【释文】恶音乌。属音烛。

［24］【释文】欤音余。

［25］【张注】清己而已。

【释文】"洁"作"絜"：絜音结。

［26］【张注】欲以己善齐物也。

［27］【张注】不能弃瑕录善。

【释文】瑕音遐。

［28］【张注】必引君命，其道不弘。道苟不弘，则逆民而不能纳矣。

［29］【张注】非君然而可也。

【释文】隰音习。

［30］【张注】居高而自忘，则不忧下之离散。

［31］【张注】惭其道之不及圣，矜其民之不逮己，故能无弃人也。

【卢解】自忘其高，自愧无德，则进善之志深矣。不如己者，哀而怜之。则下人不离叛矣。

［32］【张注】化之使合道，而不宰割也。

［33］【张注】既以与人，己愈有也。

［34］【张注】求备于人，则物所不与也。

［35］【张注】与物升降者物必归。

【释文】下，遐嫁切。

［36］【张注】道行则不烦闻见，故曰，不瞽不聋，不能成功。

【释文】瞽音古。

［37］【张注】郭象曰："若有闻见，则事锺于己，而群下无所措其手足，故遗之可也。未能尽其道，故仅之可也"。

【释文】仅音觐。

【卢解】不责物之常情，是不闻于国也；不求人之小过，是不见于家也。

［38］【张注】皆天理也。

【卢解】夷吾之情非有厚薄，此公荐也。荐之则为厚，不荐则为薄，此皆力也。桓公既不用鲍叔，鲍叔之命也；用隰朋，隰朋之命也。使鲍叔无命，而夷吾不施力焉，而隰朋无命，夷吾虽施力，亦无益也。

邓析操两可之说，[1]设无穷之辞，当子产执政，作竹刑。[2]郑国用之，数难子产之治。[3]子产屈之。子产执而戮之，俄而诛之。[4]然则子产非能用竹刑，不得不用；邓析非能屈子产，不得不屈；子产非能诛邓析，不得不诛也。[5]

[1]【释文】析音锡。邓析著书二篇，郑人也，与子产并时。列子及孙卿并云子产杀邓析，据《左传》，昭公二十年子产卒，定公九年驷歂杀邓析而用其竹刑，则非子产所杀也。操，七刀切。

[2]【张注】竹刑，简法。

[3]【释文】数音朔。难，乃旦切。

[4]【张注】此传云子产诛邓析，《左传》云驷歂杀邓析而用其竹刑，子产卒后二十年而邓析死也。

【释文】戮音六，或作剹。歂音船。卒，子律切。

[5]【张注】此章义例与上章同也。

【卢解】作法者，力也；受戮者，命也。用其法者，亦力也；诛其身者，亦命也。力其事者，才也；才不遇者，亦命也。

可以生而生，[1]天福也；[2]可以死而死，[3]天福也。[4]可以生而不生，[5]天罚也；[6]可以死而不死，[7]天罚也。[8]可以生，可以死，得生得死有矣；[9]不可以生，不可以死，或死或生，有矣。[10]然而生生死死，非物非我，皆命也。智之所无奈何。[11]故曰，窈然无际，天道自会；漠然无分，天道自运。[12]天地不能犯，[13]圣智不能干，[14]鬼魅不能欺。[15]自然者默之成之，[16]平之宁之，[17]将之迎之。[18]

〔1〕【张注】或积德履仁，或遇时而通，得当年之欢，骋于一己之志，似由报应，若出智力也。

〔2〕【张注】自然生耳，自然泰耳，未必由仁德与智力。然交履信顺之行，得骋一己之志，终年而无忧虞，非天福如之何也？

【释文】行，下孟切。

〔3〕【张注】或积恶行暴，或饥寒穷困，故不顾刑戮，不赖生存，而威之于死，似由身招，若应事而至也。

〔4〕【张注】自然死耳，自然穷耳，未必由凶虐与愚弱。然肆凶虐之心，居不赖生之地，而威之于死，是之死得死者，故亦曰天福者也。

【卢解】居可生之时而得其生者，为天福也；居可死之时而得其死者，亦天福也。如夷吾求生于齐桓之时而得遂其生者，信为天福也；如锄麑之触槐以取丧，不辱君命，不伤贤才，得遂其死，垂名不朽，亦天福也。

〔5〕【张注】居荣泰之地，愿获长年而早终。

〔6〕【张注】愿生而不得生，故曰天罚也。

〔7〕【张注】居困辱之地，不愿久生，而更不死也。

〔8〕【张注】轻死而不之死，复是天罚。

【卢解】居荣泰之地，处崇高之位，是可以生而不得生，如董贤之类是也。居困辱之地，处屯苦之中，是可以死而不得死，如人彘之类是也。求之不遂，皆为天罚也。

〔9〕【张注】此之生而得生，此之死而得死。

〔10〕【张注】此义之生而更死，之死而更生者也。此二句上义已该之而重出，疑书误。

【释文】重，柱用切。

〔11〕【张注】生死之理既不可测，则死不由物，生不在我，岂智之所如？

【卢解】不由于物，亦不由于我。知不能运，力不能成，然后可以任命矣。

[12]【张注】无际无分，是自然之极；自会自运，岂有役之哉？

【释文】分，符问切，注同。

[13]【张注】天地虽大，不能违自然也。

[14]【张注】神圣虽妙，不能逆时运也。

[15]【张注】鬼魅虽妖，不能诈真正也。

【释文】"魅"作"媚"：或作魅。

[16]【张注】默，无也。

[17]【张注】平宁无所施为。

[18]【张注】功无遗丧，似若将迎。

【释文】丧，息浪切。

【卢解】若合道成命，天地不能违，圣智不能干；运用合理，应变如神，鬼魅所不能欺。何况于人事乎？

杨朱之友曰季梁。季梁得病，七日大渐。[1]其子环而泣之，请医。季梁谓杨朱曰："吾子不肖如此之甚，汝奚不为我歌以晓之？"[2]杨朱歌曰："天其弗识，人胡能觉？匪佑自天，弗孽由人。[3]我乎汝乎！其弗知乎！医乎巫乎！其知之乎？"[4]其子弗晓，终谒三医。[5]一曰矫氏，[6]二曰俞氏，三曰卢氏，诊其所疾。[7]矫氏谓季梁曰："汝寒温不节，[8]虚实失度，病由饥饱色欲。精虑烦散，非天非鬼。虽渐，可攻也。"季梁曰："众医也。亟屏之！"[9]俞氏曰："女始则胎气不足，乳湩有馀。[10]病非一朝一夕之故，其所由来渐矣，弗可已也。"季梁曰："良医也。且食之！"[11]卢氏曰："汝疾不由天，亦不由人，亦不由鬼。禀生受形，既有制之者矣，亦有知之者矣。[12]药石其如汝何？"季梁曰："神医也。重贶遣之！"[13]俄而季梁之疾自

177

瘳。[14]

[1]【张注】渐，剧也。

[2]【释文】为，于伪切。

[3]【释文】"孽"作"薜"：鱼列切。

[4]【张注】言唯我与汝识死生有命耳，非医巫所知也。

[5]【张注】不解杨朱歌旨，谓与己同也。

【释文】解音蟹。

【卢解】其子谒医，夫天命不能识乎，人亦何能觉之耶？天不别加福，人亦不为过，而遇病者，此其命也。夫我与汝尚不能知，医与巫何能知乎？又将歌意，我与尔能此疾，我不能疾，巫能之也。

[6]【释文】矫，居夭切。

[7]【释文】诊，之忍切，候脉也。

[8]【释文】"汝"作"女"：女音汝，下同。

[9]【释文】亟音棘。屏上声，除也。

[10]【释文】湩，竹用切，乳汁也。

[11]【释文】食音嗣。

【卢解】矫氏所说之病，皆人事之失，关乎力者也。俞氏所说之病，与形俱生，受气不足，不可差也。

[12]【张注】夫死生之分，修短之期，咸定于无为，天理之所制矣。但愚昧者之所惑，玄达者之所悟也。

【释文】分，符问切。

[13]【释文】贶音况。

[14]【释文】瘳音㤞。

【卢解】卢氏所说之病乃由乎神。神之所造有功有过。形者，报神之器也，神以制之矣。未受于形，神以知之矣。神既不足，形乃随之。长短美丑，质形已定矣。药石岂能愈之？季梁以为神医。修神养德而病自愈。

生非贵之所能存，身非爱之所能厚；生亦非贱之所能夭，身亦非轻之所能薄。故贵之或不生，贱之或不死；爱之或不厚，轻之或不薄。此似反也，非反也。此自生自死，自厚自薄。或贵之而生，或贱之而死；或爱之而厚，或轻之而薄。此似顺也，非顺也。此亦自生自死，自厚自薄。鬻熊语文王[1]曰："自长非所增，自短非所损。算之所亡若何？"[2]老聃语关尹曰：[3]"天之所恶，孰知其故？"[4]言迎天意，揣利害，不如其已。[5]

[1]【张注】鬻熊，文王师也。

【释文】鬻音育。语，鱼据切，下同。

[2]【张注】算犹智也。

【释文】算，先玩切。亡音无。

【卢解】若知形报神，则无以其私情。私情者，有贵有爱，有贱有薄者也。形骸不由情之所厚薄，则得之似顺，达之似反。其实非反非顺也，亦犹长短好丑，岂由情爱所迁耶？智算所无可奈何也。

[3]【释文】聃，他甘切。

[4]【张注】王弼曰："孰，谁也。言谁能知天意耶？其唯圣人也。"

【释文】恶，乌路切。

[5]【张注】夫顺天理而无心者，则鬼神不能犯，人事不能干。若迎天意，料倚伏，处顺以去逆，就利而违害，此方与逆害为巨对，用智之精巧者耳，未能使吉凶不生，祸福兼尽也。

【释文】揣，初委切。料音聊。

【卢解】夫不知道者，宁知天之所爱恶乎？若预迎天意，揣度利害，以狗私情，不知顺理而任命也。此章言力不能违命，命不可预知。任之则后时，力之则违命。所以愧夫知道之修神养真造业之始，创力转命以我乎天者也。

杨布[1]问曰:"有人于此,年兄弟也,言兄弟也,[2]才兄弟也,貌兄弟也,而寿夭父子也,贵贱父子也,名誉父子也,爱憎父子也。吾惑之。"[3]杨子曰:"古之人有言,吾尝识之,[4]将以告若。不知所以然而然,命也。[5]今昏昏昧昧,[6]纷纷若若,随所为,随所不为。日去日来,孰能知其故?皆命也夫。[7]信命者,亡寿夭;[8]信理者,亡是非;[9]信心者,亡逆顺;[10]信性者,亡安危。[11]则谓之都亡所信,都亡所不信。[12]真矣悫矣,[13]奚去奚就?奚哀奚乐?[14]奚为奚不为?[15]《黄帝之书》云:'至人居若死,动若械。'[16]亦不知所以居,亦不知所以不居;亦不知所以动,亦不知所以不动。亦不以众人之观易其情貌,亦不谓众人之不观不易其情貌。[17]独往独来,独出独入,孰能碍之?"[18]

[1]【张注】杨朱之弟也。

[2]【释文】"言"作"訾":訾,即移切,当作赀财字。一本作"言"。

[3]【卢解】年、言、才、貌相似也,故云兄弟也;寿夭、贵贱隔悬也,故云父子也。此命之难知也,故疑惑也。

[4]【释文】识音志。

[5]【张注】自然之理,故不可以智知。

[6]【释文】昧音晦。

[7]【卢解】众人所不知,以为自然,昏昏昧昧,日去日来,运行无穷者,人以是为命也乎。

[8]【张注】有寿夭则非命。

【释文】亡音无,下同。

[9]【张注】有是非则非理。

[10]【张注】有逆顺则非心。

［11］【张注】有安危则非性。

［12］【张注】理亦无信与不信也。

［13］【释文】恧，口角切。

［14］【释文】乐音洛。

［15］【张注】理苟无心，则无所不为，亦无所为也。

【卢解】寿夭者，命也；是非者，理也；逆顺者，心也；安危者，性也。使夫信命者亡寿夭，信理者亡是非，信心者亡逆顺，信性者亡安危，则谓之都亡所信亡所不信，然后至于真道也。亦何去何就，何哀何乐，何所为何所不为哉？此之谓至道也。

［16］【张注】此举无心之极。

【释文】械，户界切，本又作戒。

［17］【张注】不为外物视听改其度也。

【释文】"谓"作"为"：为，于伪切，注同。

［18］【张注】物往亦往，物来亦来。任物出入，故莫有碍。

【释文】"碍"作"硋"：音碍。

【卢解】居若死，无心也；动若械，用机关也。如木人之运动，有何知哉？不在乎情，不在乎貌也，神游而已矣，孰能碍之邪？

墨[1]屎、[2]单[3]至、[4]啴[5]咺、[6]憋[7]憨[8]四人相与游于世，胥如志也。[9]穷年不相知情，自以智之深也。[10]巧佞、愚直、[11]婷[12]斫、[13]便辟[14]四人相与游于世，胥如志也，穷年而不相语术，[15]自以巧之微也。[16]谬[17]怤、[18]情露、[19]謋[20]极、[21]凌谇[22]四人相与游于世，胥如志也，穷年不相晓悟，自以为才之得也。[23]眠[24]娗、[25]誃[26]诿、[27]勇敢、[28]怯疑[29]四人相与游于世，胥如志也，穷年不相谪发，[30]自以行无庆也。[31]多偶、[32]自专、[33]乘权、[34]只立[35]四人相与游于世，胥如志也，穷年不相顾眄，^[36]自以时之适也。此众态也，^[37]其貌不一，而咸之于道，命所归也。^[38]

[1]【张注】音眉。

[2]【张注】敕夷反。

【释文】墨尿音眉痴。《方言》：墨尿，江淮之间谓之无赖。《广雅》云：墨音目，尿作欺。自此二十人智巧才行两两相背，而能相与和同终年者，各任其真性故也。

【卢解】默诈佯愚之状。

[3]【张注】音战。

[4]【张注】音咥。

【释文】单音战。单至，战激之至。

【卢解】轻动之状。

[5]【张注】齿然反。

[6]【张注】许爱反。

【释文】啴，齿然切，又他丹切。咺音喧，又呼远切。郑玄注《礼记》云：咺，宽绰貌。《说文》云：咺，宽闲心腹貌。

【卢解】迂缓之状也。

[7]【张注】妨灭反。

[8]【张注】音敷。此皆默诈轻发迂缓急速之貌。

【释文】憋，片灭切。憋愂音敷。《方言》：憋愂，音孚，急性也。

[9]【释文】胥，相居切，相也。如，随也。谓各从其志。

[10]【卢解】同游于世，终年不相知名，自以为善也。

[11]【释文】巧佞，巧言邪佞。愚直，如愚质直。

【卢解】巧佞，辩诡之状也。愚直，质朴之状也。

[12]【张注】鱼略反。

[13]【张注】齿略反。媒研，不解悟之貌。

【释文】媒，言上声。研音酌。媒研，容止峭巇也。《字林》云：

婳，齐也，久不解语貌。解音蟹。

【卢解】憨骇之状也。

［14］【释文】便，房连切。僻，婢亦切。便僻，恭敬太过也。

【卢解】折旋之状。

［15］【释文】语，鱼据切。

［16］【卢解】同游于世，终年不相访，各自以为巧妙也。

［17］【张注】苦交反。

［18］【张注】苦牙反。

【释文】獠，口交切。㤉，口加切。阮孝绪云："恐㤉，伏态貌。"恐，口交切。

【卢解】顽戾强愊之状也。

［19］【释文】情露无所隐藏。

【卢解】不隐之状也。

［20］【张注】音蹇。

［21］【释文】謇音蹇，㥶音棘。《字林》云：㥶，吃也。《方言》：謇、吃、㥶，急也，谓语急而吃。又讷涩貌。又云：疾也，又急性相背也。或作㧑、极，皆非是。

【卢解】讷涩之状也。

［22］【张注】音碎。此皆多谇讷涩辩给之貌。

【释文】谇，旬入声。凌谇谓好陵辱责骂人也。《说文》云：谇，责让也。《字林》音聚律切。讷，奴忽切。涩，所立切。

【卢解】寻间语责之状也。

［23］【卢解】各自以为才能。

［24］【张注】莫典反。

［25］【张注】徒茧反。

【释文】眠上声。娗音殄。《方言》：眠娗，欺慢之语也。郭璞云：谓以言相轻嗤弄也。又不开通貌。

【卢解】无精采之状也。

〔26〕【张注】止累反。

〔27〕【张注】如伪反。

【释文】諈，之睡切。诿，口恚切，又如伪切。钝滞也。《尔雅》云：諈诿，累去也。郭璞云：谓以事相属累以諈诿也。又烦重也。

【卢解】并烦重之貌。

〔28〕【释文】勇敢，勇猛果敢也。

【卢解】雄健之状也。

〔29〕【张注】眠娗，不开通之貌。諈诿，烦重之貌。

【释文】怯疑，怯慎迟疑。

【卢解】懦弱不决之状。

〔30〕【释文】谪，知革切。谪谓责其过也，发谓攻其恶也。

〔31〕【释文】行，下孟切。无戾，无违戾也。

【卢解】各自以为适宜得中之道也。

〔32〕【释文】多偶谓多与人相和谐也。《广雅》云：偶，谐也。

【卢解】和同之状也。

〔33〕【释文】自专谓自专擅不与众同也。

【卢解】独任之状也。

〔34〕【释文】乘权谓乘用权势也。

【卢解】用势之状也。

〔35〕【释文】只立，独孤自立。

【卢解】孤介之状也。

〔36〕【释文】眪音敼。

〔37〕【释文】态，他爱切。

〔38〕【卢解】变诈、巧辩、愚拙、佞直，众态不同，而皆以为命者，理不然矣。今说者言受气有厚薄，故如此不同，一皆委之于天，更无可奈何者，此不知者也。故知道之士养其神，含其真，易其虑，变其身。彼形骸自我而造也，力其行，移其命，此皆生生者之功美矣。然则因形以辩命，则力不如命；因力以徵形，则命不如力也。

俍俍成者，俏成也，[1]初非成也。[2]俍俍败者，俏败者也，初非败也。[3]故迷生于俏，[4]俏之际昧然。[5]于俏而不昧然，[6]则不骇外祸，[7]不喜内福，[8]随时动，随时止，智不能知也。[9]信命者于彼我无二心。[10]于彼我而有二心者，不若搯目塞耳，背坂面隍亦不坠仆也。[11]故曰：死生自命也，[12]贫穷自时也。[13]怨夭折者，不知命者也；[14]怨贫穷者，不知时者也。[15]当死不惧，在穷不戚，知命安时也。[16]其使多智之人量利害，料虚实，[17]度人情，[18]得亦中，[19]亡亦中。[20]其少智之人不量利害，不料虚实，不度人情，得亦中，亡亦中。量与不量，料与不料，度与不度，奚以异？[21]唯亡所量，[22]亡所不量，[23]则全而亡丧。[24]亦非知全，[25]亦非知丧。自全也，自亡也，自丧也。[26]

[1]【张注】俏音肖。俏，似也。

【释文】俍，姑危切，几欲之貌。俏与肖字同。

[2]【卢解】魏魏者，几欲之状也。俏者，似也。

[3]【张注】世有几得几失之言，而理实无几也。

【释文】几音祈，下同。

【卢解】已欲成而不成者，似于成而非成也；垂欲败而不败者，似于败而非败也。

[4]【张注】惑其以成败而不能辩迷之所由也。

[5]【释文】为句。

[6]【张注】际犹会也，言冥昧难分耳。

【卢解】人之所迷生于似者也，不了也。不了则昧然矣。若相似而不昧然，斯谓明也。

[7]【释文】"骇"作"馘"：与骇字同。

[8]【张注】祸福岂有内外，皆理之玄定者也。见其卒起，因谓

外至；见其渐着，因谓内成也。

【释文】卒，村入声。

［9］【张注】动止非我，则非智所识也。

【卢解】所谓明者了于性，通于神，力之所以生，命之所以成，故无外祸可骇惧，无内福可忻喜，动止随时，不须智度也。

［10］【张注】无喜惧之情也。

［11］【张注】此明用智计之不如任自然也。

【释文】"背坂"作"背城"，"坠"作"队"：撎音奄。背城，一本作"坂"。队音坠，仆音赴。

【卢解】若能彼我无二心，则吉凶悔吝不生矣。苟不能知命任理，则全身远害，且免倾坠颠仆也。是以世人不忘于力求，而不能委于命也。

［12］【张注】若其非命，则仁智者必寿，凶愚者必夭，而未必然也。

［13］【张注】若其非时，则勤俭者必富，而奢惰者必贫，亦未必然。

【释文】"贫穷自时也"一本作"富贵自时也"。

【卢解】子夏曰："死生有命，富贵在天。"天者，时也。阳和布气，群物皆生，圣人利见含灵俱畅自我而定谓之命，因化所及谓之时也。

［14］【释文】折，之舌切。

［15］【张注】此皆不识自然之理。

［16］【卢解】知命安时，德之大也。时来不可拒，命至不可却，故曰安时而处顺，忧乐不能入。迷生于肖似，戚生于不知时焉。

［17］【释文】料音聊。

［18］【释文】度，徒落切，下同。

［19］【释文】中，陟冲切，半也，下同。或作陟仲反，非也。

［20］【张注】中，半也。

［21］【卢解】凡料天下之事十得五中者，必为善料也。而少智不料亦得半矣，有何异也？

［22］【张注】不役智也。

［23］【张注】任智之所知也。

［24］【释文】亡音无。丧，息浪切，下同。

［25］【释文】知音智，下知丧同。

［26］【张注】自全者，非用心之所能；自败者，非行失之所致也。

【释文】行，下孟切。

【卢解】假使勤心苦志，料得其半，则不如无料而全其生。劳思虑者不知命，无所料者不知力。不知力者乃近于道矣，故去彼取此而已。

齐景公游于牛山，[1]北临其国城而流涕曰："美哉国乎！郁郁芊芊，[2]若何滴滴去此国而死乎？[3]使古无死者，寡人将去斯而之何？"史孔、梁丘据皆从而泣曰：[4]"臣赖君之赐，疏食恶肉可得而食，[5]驽马棱车可得而乘也，[6]且犹不欲死，而况吾君乎？"晏子独笑于旁。[7]公雪涕而顾晏子曰："寡人今日之游悲，[8]孔与据皆从寡人而泣，子之独笑，何也？"晏子对曰："使贤者常守之，则太公、桓公将常守之矣；使有勇者而常守之，则庄公、灵公将常守之矣。数君者将守之，[9]吾君方将被蓑笠而立乎畎亩之中，[10]唯事之恤，行假念死乎？[11]则吾君又安得此位而立焉？以其迭处之迭去之，[12]至于君也，而独为之流涕，是不仁也。[13]见不仁之君，见谄谀之臣。[14]臣见此二者，臣之所为独窃笑也。"景公惭焉，举觞自罚。罚二臣者各二觞焉。

［1］【释文】牛山，今北海郡临淄县是。

［2］【释文】芊音千。《广雅》云：芊芊，茂盛貌。

［3］【释文】滴滴或作滂滂，并音普郎切，流荡貌。

［4］【释文】"史孔"作"艾孔"：艾，五盖切，一本作"史孔"。

［5］【释文】"疏"作"跪"：跪，当作"疏"。食音嗣。《韩诗外传》全有此章，云：疏食恶肉，可得食。疏食，菜食也。

［6］【释文】驽音奴。棱，当作"栈"。《晏子春秋》及诸书皆作栈车，谓编木为之。栈，士限反。

［7］【释文】"晏子"作"晏婴"：晏婴，莱之夷维人也。

［8］【释文】为句。

［9］【释文】数，色生切。

［10］【释文】蓑，先和切。

［11］【张注】行假，当作"何暇"。

【释文】行假音何暇。

【卢解】死而复生者，人咸归于释论道书与儒教髣髴而不明言之。今此云吾君方将被蓑笠而立乎畎亩之中者，则死生之理灼然可详矣。是知力以成命，成命而后生，则生生之功可见矣。

［12］【释文】迭音佚。

［13］【释文】为，于伪切，下文同。

［14］【释文】诶音奚。

魏人有东门吴者，其子死而不忧。其相室曰：[1]"公之爱子天下无有。今子死不忧，何也？"东门吴曰："吾常无子，无子之时不忧。今子死，乃与向无子同，[2]臣奚忧焉？"

[1]【释文】相，息亮切。

[2]【释文】"向"作"乡"：音向。

　　农赴时，商趣利，[1]工追术，仕逐势，势使然也。然农有水旱，商有得失，工有成败，仕有遇否，[2]命使然也。[3]

[1]【释文】趣音趋。

[2]【释文】否，蒲鄙切。

[3]【张注】自然冥运也。

【卢解】夫士、农、工、商各趣利而逐势者，力所为也。水旱、成败、否泰者，力所不能成，则委命以自安之。是收其樸榆而不损护也。世人皆以无可奈何乃推之于命耳。不能力求者，迷于似得者也。东门吴善安于命者也，非谓善于知命者也。若生者有生生者，是得夫所以造吾命者，复安肯委命于生者，是得夫所以迭处迭去也。若知命者，当委命而任力焉。

卷　七

杨朱[1]第七

　　杨朱游于鲁，舍于孟氏。孟氏问曰："人而已矣，奚以名为？"曰："以名者为富。""既富矣，奚不已焉？"曰："为贵。""既贵矣，奚不已焉？"曰："为死。""既死矣，奚为焉？"曰："为子孙。"[2]"名奚益于子孙？"曰："名乃苦其身，燋其心。[3]乘其名者，泽及宗族，利兼乡党，况子孙乎？""凡为名者必廉，廉斯贫；为名者必让，让斯贱。"[4]曰："管仲之相齐也，[5]君淫亦淫，君奢亦奢。[6]志合言从，道行国霸。死之后，管氏而已。[7]田氏之相齐也，君盈则己降，君敛则己施。[8]民皆归之，因有齐国，子孙享之，至今不绝。[9]若实名贫，伪名富。"[10]曰："实无名，[11]名无实。名者，伪而已矣。[12]昔者尧舜伪以天下让许由、善卷，而不失天下，享祚百年。[13]伯夷、叔齐实以孤竹君让而终亡其国，饿死于首阳之山。实伪之辩，如此其省也。"[14]

　　[1]【张注】夫生者，一气之暂聚，一物之暂灵。暂聚者终散，暂灵者归虚。而好逸恶劳，物之常性。故当生之所乐者，厚味、美服、好色、音声而已耳。而复不能肆性情之所安，耳目之所娱，以仁义为关键，用礼教为衿带，自枯槁于当年，求馀名于后世者，是不达乎生生之趣也。

　　【释文】杨朱，或云字子居，战国时人，后于墨子。杨朱与禽滑厘辩论，其说在爱己，不拔一毛以利天下，与墨子相反。陆德明云"杨戎字子居"，恐子居非杨朱也。好，呼报切。恶，乌路切。复，扶又切。键音件。衿音今。槁，口老切。

【卢解】夫君子殉名，小人殉利。唯名与利，皆情之所溺，俗人所争焉。故体道之人也，为善不近名，不趋俗人之所竞；为恶不近刑，不行俗人之所非。违道以求名，溺情以从欲，俱失其中也，故有道者不居焉。此言似反，学者多疑。然则《杨朱》之篇亦何殊于《盗跖》也？

［2］【张注】夫事为无已，故情无厌足。

【释文】为富、为贵、为死、奚为焉、为子孙之为，并于伪切。厌，一盐切。

［3］【张注】夫名者，因伪以求真，假虚以招实，矫性而行之，有为而为之者，岂得无勤忧之弊邪？

【释文】燋音椒。

［4］【张注】此难家之辞也。今有廉让之名而不免贫贱者，此为善而不求利也。

【释文】难，乃旦切。

【卢解】夫人之生世也，唯名与利。圣人以名利钧之，则小人死于利，君子死于名，无有不至者也。善恶虽殊，俱有求也。然而求名而遂者，岂唯取富贵，乃荣及子孙，利兼乡党矣。虽苦身燋心勤于廉让者，志有所望而情有所忘，俱失中也。

［5］【释文】相，息亮切，下同。

［6］【张注】言不专美恶于己。

［7］【卢解】实名之利薄也。

［8］【张注】此推恶于君也。

【释文】敛，收聚也。施，始豉切。

［9］【卢解】伪名之利深也。

［10］【张注】为善不以为名，名自生者，实名也。为名以招利而世莫知者，伪名也。伪名则得利者也。

［11］【释文】“无”作“亡”：音无。

［12］【张注】不伪则不足以招利。

【卢解】行实者无其名，求名者无其实，故不伪则利不彰也。

［13］【张注】伪实之迹因事而生。致伪者由尧舜之迹，而圣人无伪也。

［14］【张注】省犹察也。

【释文】省，思井切。

【卢解】伪者取名而无实，真者实行而忘名。尧舜之与夷齐，炳然如此。真伪之迹耳，不易察哉？世人若不殉名利而失真，则溺情欲而忘道矣。天下善人少，不善人多，则殉名者稀，从欲者众。虽有智者，亦无可奈何。盖俱失中也。

杨朱曰：百年，寿之大齐。[1]得百年者千无一焉。[2]设有一者，孩抱以逮昏老，几居其半矣。[3]夜眠之所弭，[4]昼觉之所遗，[5]又几居其半矣。痛疾哀苦，亡失忧惧，又几居其半矣。量十数年之中，逌然而自得亡介焉之虑者，[6]亦亡一时之中尔。则人之生也奚为哉？奚乐哉？[7]为美厚尔，[8]为声色尔。而美厚复不可常厌足，[9]声色不可常翫闻。乃复为刑赏之所禁劝，名法之所进退，遑遑尔竞一时之虚誉，规死后之馀荣；偊偊尔顺耳目之观听，[10]惜身意之是非。徒失当年之至乐，不能自肆于一时。重囚纍梏，[11]何以异哉？[12]太古之人知生之暂来，[13]知死之暂往，[14]故从心而动，[15]不违自然所好，[16]当身之娱非所去也，[17]故不为名所劝；[18]从性而游，不逆万物所好，死后之名非所取也，故不为刑所及。[19]名誉先后，年命多少，非所量也。[20]

［1］【释文】齐，去声，限也。

［2］【释文】"无"作"亡"：音无。

［3］【释文】几音祈，下同。

［4］【释文】弭，绵婢切。

［5］【释文】觉音教。

［6］【释文】亡音无，下同。介音界，微也。

［7］【释文】乐音洛。

［8］【释文】为，于伪切。

［9］【释文】复，扶又切，下同。厌，一盐切。本或作餍，音同。

［10］【释文】"顺"作"慎"：偶，丘羽切。慎耳，一本作"顺耳"。

［11］【释文】纍音累。梏，古沃切，手械也。

［12］【张注】异，異也，古字。

【释文】异，古"異"字。

【卢解】举俗之人咸以百年为一生之期，而复昼夜哀苦之所减矣，泰然称情者无多时焉。称情之事不过称声色美味，而复以刑赏名教之所束缚，不得肆其情，亦何以异乎囚系桎梏者？此皆滞情之言也。

［13］【释文】"太"作"大"：音泰。

［14］【张注】生实暂来，死实长往，是世俗长谈。而云死复暂往，卒然览之，有似字误。然此书大旨，自以为存亡往复，形气转续，生死变化，未始绝灭也。注《天瑞篇》中已具详其义矣。

【释文】卒，七忽切。

［15］【释文】从音纵，下同。

［16］【释文】好，呼报切。

［17］【释文】去，丘吕切。

［18］【张注】为善不近名者。

【释文】劝，一本作"观"。

［19］【张注】为恶不近刑者。

【释文】近去声，下同。刑，害也。

［20］【卢解】举太古之人者，适其中也。夫有生有死者，形也；出生入死者，神也。知死生之暂来暂往也，则不急急以求名；知神明之不死不生也，则不遑遑以为道。故从心而动，不违自然所好也，娱身而已矣，何用于名焉？故从性而游，不逆万物所嗜也，适意而已矣，何惧于刑焉？是以名誉、年命非所料量也。娱身适意者，动与道合，非溺于情也。

杨朱曰："万物所异者生也，所同者死也。生则有贤愚、贵贱，是所异也；死则有臭腐、消灭，[1]是所同也。虽然，贤愚、贵贱非所能也，臭腐、消灭亦非所能也。故生非所生，死非所死；贤非所贤，愚非所愚；贵非所贵，贱非所贱。[2]然而万物齐生齐死，齐贤齐愚，齐贵齐贱。[3]十年亦死，百年亦死。仁圣亦死，凶愚亦死。生则尧舜，死则腐骨；生则桀纣，死则腐骨。腐骨一矣，孰知其异？且趣当生，奚遑死后？"[4]

［1］【释文】腐音辅。

［2］【张注】皆自然尔，非能之所为也。

［3］【张注】皆同归于自然。

［4］【张注】此讥计后者之惑也。夫不谋其前，不虑其后，无恋当今者，德之至也。

【卢解】生者，一身之报也；死者，一报之尽也。贤愚贵贱，生物之殊也，故为异焉。臭腐消灭，死物之常也，故为同焉。世人皆指形以为死生，不知形外之有神。神之去也，一无知耳。故贤愚贵贱、臭腐消灭，皆形所不自能也。不自能，则含生之质未尝不齐。人皆知其所齐，不知其所以异。且竞当生，不暇养所生，故有道者不同于兹矣。

杨朱曰："伯夷非亡欲，[1]矜清之邮，[2]以放饿死。[3]展季非亡情，矜贞之邮，以放寡宗。[4]清贞之误善之若此！"[5]

[1]【释文】为句。亡音无。

[2]【张注】音尤。

【释文】邮音尤。《尔雅》云：尤，过也。

[3]【张注】守饿至死。

【释文】《公羊传》曰：放死不立。刘兆注曰：放，至也。

[4]【释文】寡宗，少宗系也。

[5]【张注】此诬贤负实之言，然欲有所抑扬，不得不寄责于高胜者耳。

【卢解】殉名之过实以至于此，非所以体真全道，忘名证实者也。

杨朱曰："原宪窭于鲁，[1]子贡殖于卫。[2]原宪之窭损生，子贡之殖累身。"[3]"然则窭亦不可，殖亦不可，其可焉在？"[4]曰："可在乐生，可在逸身。故善乐生者不窭，[5]善逸身者不殖。"[6]

[1]【释文】窭，其羽切。

[2]【张注】窭，贫也。殖，货殖。

[3]【释文】累去声。

[4]【释文】焉，於虔切。

[5]【张注】足己之所资，不至乏匮也。

[6]【张注】不劳心以营货财也。

【卢解】固穷而不力求，损于生者也；货殖而为命，累于身者也。

唯有道者不货殖以逸其身，不守穷以苦其生，乐道全真，应物无滞也。

　　杨朱曰："古语有之：'生相怜，死相捐。'[1]此语至矣。相怜之道，非唯情也，勤能使逸，饥能使饱，寒能使温，穷能使达也；相捐之道，非不相哀也，不含珠玉，[2]不服文锦，不陈牺牲，不设明器也。[3]晏平仲问养生于管夷吾，管夷吾曰：'肆之而已，勿壅勿阏。'[4]晏平仲曰：'其目奈何？'夷吾曰：'恣耳之所欲听，恣目之所欲视，恣鼻之所欲向，恣口之所欲言，恣体之所欲安，恣意之所欲行。[5]夫耳之所欲闻者音声，而不得听，谓之阏聪；目之所欲见者美色，而不得视，谓之阏明；鼻之所欲向者椒兰，而不得嗅，谓之阏颤；[6]口之所欲道者是非，而不得言，谓之阏智；体之所欲安者美厚，而不得从，谓之阏适；意之所欲为者放逸，而不得行，谓之阏性。凡此诸阏，废虐之主。[7]去废虐之主，[8]熙熙然以俟死，[9]一日、一月、一年、十年，吾所谓养。[10]拘此废虐之主，[11]录而不舍，[12]戚戚然以至久生，百年、千年、万年，非吾所谓养。'[13]管夷吾曰：'吾既告子养生矣，送死奈何？'晏平仲曰：'送死略矣，将何以告焉？'管夷吾曰：'吾固欲闻之。'平仲曰：'既死，岂在我哉？焚之亦可，沉之亦可，瘗之亦可，[14]露之亦可，衣薪而弃诸沟壑亦可，[15]衮衣绣裳而纳诸石椁亦可，[16]唯所遇焉。'[17]管夷吾顾谓鲍叔黄子曰：'生死之道，吾二人进之矣。'"[18]

　　[1]【释文】"捐"作"损"：音捐。

　　[2]【释文】含音憾。

　　[3]【卢解】知相怜相捐之道为至矣，皆人不能至焉。何则？相

怜在于赡济乎生，相捐在于无累乎形，此为至当矣。若生不能赡之令安，死则徒埋珠宝以眩名，招寇盗以重伤，是失其宜矣。

［4］【释文】壅音拥。阏，安葛切，与遏同。

［5］【张注】管仲功名人耳，相齐致霸，动因威谋。任运之道既非所宜，且于事势不容此言。又上篇复能劝桓公适终北之国，恐此皆寓言也。

【释文】相，息亮切。复，扶又切。

［6］【张注】鼻通曰颤。颤音舒延反。

【释文】嗅，许救切。颤与膻字同，须延切。

［7］【张注】废，大也。

【释文】废虐，毁残也。

［8］【释文】去，丘吕切。

［9］【释文】熙，许其切，纵情欲也。

［10］【张注】任情极性，穷欢尽娱，虽近期促年，且得尽当生之乐也。

［11］【释文】拘音俱。

［12］【释文】舍音捨。

［13］【张注】惜名拘礼，内怀于矜惧忧苦以至死者，长年遐期，非所贵也。

【卢解】夷吾之才足以相霸主，振颓纲，而布奢淫之情足以忭将来，败风俗。故夫子赏其才也，则曰："微管仲，吾其被发左衽矣"。恶其失礼也，则曰："管仲之器小哉！管氏而知礼，孰不知礼"。列子因才高之人以极其嗜欲之志，令有道者知其失焉。然纵耳目之情，穷声色之欲者，俗人之常心也。故极而肆之，以彰其恶耳，非所以垂训来世，法则后人者也。

［14］【释文】瘗，於例切。

［15］【释文】衣，於既切。

［16］【释文】"衮衣"作"衮文"：衮，古本切。

［17］【张注】晏婴，墨者也，自以俭省治身，动遵法度，非达生死之分。所以举此二贤以明治身者，唯取其奢俭之异也。

【释文】"俭省"作"俭啬"：啬音色，一本作"省"。分，符问切。

【卢解】俗人殉欲之志深，送死之情薄。薄则易为节，深则难为情。故厚其生，则众心之所喜；薄其死，则群情所易从。列子乃因侈者以肆情，因俭者以节礼，故王孙之辈，良吏谴之，失其中道也。

［18］【张注】当其有知，则制不由物；及其无知，则非我所闻也。

【释文】进音尽。

【卢解】既不由我矣，则任物以处之，此世人谓死为无知者也。若由我者，肆情以乐之，此世人谓顺情为贵者也。若然者，尧舜周孔不足为俗人重，桀纣盗跖可为后代师矣。岂有道者所处也？至人忘情，圣人制礼。情忘也，则嗜欲不存矣，何声色之可耽耶？礼制也，则生死迹著矣，何焚露之可薄耶？纵情之言，皆失道也。

子产相郑，［1］专国之政。三年，善者服其化，恶者畏其禁，郑国以治。［2］诸侯惮之。而有兄曰公孙朝，［3］有弟曰公孙穆。朝好酒，［4］穆好色。朝之室也聚酒千锺，积麹成封，［5］望门百步，［6］糟浆之气逆于人鼻。［7］方其荒于酒也，不知世道之安危，人理之悔吝，室内之有亡，［8］九族之亲疏，存亡之哀乐也。［9］虽水火兵刃交于前，弗知也。穆之后庭比房数十，［10］皆择稚齿婑媠者［11］以盈之。［12］方其耽於色也，［13］屏亲昵，［14］绝交游，逃于后庭，以昼足夜，［15］三月一出，意犹未惬。［16］乡有处子之娥姣者，［17］必贿而招之，［18］媒而挑之，［19］弗获而后已。子产日夜以为戚，密造邓析而谋之，曰：［20］"侨闻治身以及家，治家以及国，此言自于近至于远也。侨为国则治矣，而家则乱矣。其道逆邪？将奚方以救二子？子其诏之！"邓析曰："吾怪之久矣，未敢先言。子奚不时其治也，喻以性命之重，诱以礼义之尊乎？"[21]子产用邓析之言，因间以谒其兄弟，而告之曰：[22]"人之所以贵于禽兽者，智虑。智虑之所将者，礼义。礼义成，则名位至矣。若触情而动，耽于嗜欲，则性命危矣。子纳侨之言，则朝自悔而夕食禄矣。"朝、穆曰："吾知之久矣，择之亦久矣，[23]岂待若言而后识之哉？凡生之难遇而死之易及。[24]以难遇之生，俟易及之死，[25]可孰念哉？而欲尊礼义以夸人，[26]矫情性以招名，吾以此为弗若死矣。[27]为欲尽一生之欢，穷当年之乐。唯患腹溢而不得恣口之饮，力惫而不得肆情于色，[28]不遑忧名声之丑，性命之危也。且若以治国之能夸物，欲以说辞乱我之心，[29]荣禄喜我之意，不亦鄙而可怜哉？我又欲与若别之。[30]夫善治外者，物未必治，而身交苦；善治内者，物未必乱，而性交逸。以若之治外，其法可暂行于一国，未合于人心；以我之治内，可推之于天下，君臣之道息矣。吾常欲以此术而喻之，若反以彼术而教我哉？"子产忙然无以应之。[31]他日以告邓析。邓析曰："子与真人居而不知也，孰谓子智者乎？郑国之治偶耳，非子之功也。"[32]

[1]【释文】子产，郑大夫公孙侨也。铸刑法于鼎，事在昭六年。相，息亮切。

[2]【释文】治，直吏切，下"治矣"、"必治"之"治"同。

[3]【释文】朝依字。

[4]【释文】好，呼报切。

[5]【释文】"麴"作"麯"：本又作麴。

〔6〕【释文】望音亡。

〔7〕【释文】"糟浆"作"醴浆"：醴音遭，本又作糟。

〔8〕【释文】亡音无。

〔9〕【释文】乐音洛。

〔10〕【释文】比，频密切。

〔11〕【张注】娃音乌果切。媠音奴坐切。

〔12〕【释文】娃，乌果切。媠，奴坐切。

〔13〕【释文】耽本又作妉，丁南切。

〔14〕【释文】屏，上声。昵，尼质切。

〔15〕【释文】足，即且切，益也。

〔16〕【释文】惬，口蝶切。

〔17〕【释文】娥音俄。姣音绞，《广雅》云：好也。

〔18〕【释文】贿，呼猥切。

〔19〕【释文】挑，他尧切。《苍颉篇》云：挑谓招呼也。《说文》作誂，相诱也。誂，大了切。

〔20〕【释文】"造"作"遭"，云，本作"造"，七到切。析音锡。

〔21〕【卢解】喻以性命，诱以礼义者，欲止其贪逸之情，啖其轩冕之位，此皆世俗名利之要归也。

〔22〕【释文】间音闲。

〔23〕【张注】觉事行多端，选所好而为之耳。
【释文】行，下孟切。好，呼报切。

〔24〕【释文】易，以豉切，下同。

〔25〕【释文】俟，一本作"偞"。

〔26〕【释文】"夸"作"跨"：口花切，下同。一本作"夸"。

〔27〕【张注】达哉此言！若夫刻意从俗，违性顺物，失当身之暂乐，怀长愁于一世，虽支体具存，实邻于死者。
【释文】乐音洛，下同。

〔28〕【释文】惫，皮界切。

［29］【释文】说辞，一本作"伪辞"。

［30］【张注】别之犹辨也。

【释文】别，彼列切，注同。

［31］【释文】"忙"作"茫"：茫音忙。

【卢解】殉情耽欲之人，诡辞邪辩足以塞圣贤之口，乱天下法。故桀纣之智足以饰非，少卯之辞足以惑众。虽不屈于一时，亦鼓倡于当代。故夫子屈盗跖之说，子产困于朝、穆之言，不足多悔也。而惑者以为列子叙之以畅其情，张湛注之以为达其理，斯乃鄙俗之常好，岂道流之雅术乎？

［32］【张注】不知真人则不能治国，治国者偶尔。此一篇辞义太径挺抑抗，不似君子之音气。然其旨欲去自拘束者之累，故有过逸之言者耳。

【释文】"径挺"作"径廷"：廷音听。抗，苦浪切。去，丘吕切。累去声。

【卢解】夫当才而赏之，择德而任之，则贤者日进而不肖者退矣。任必以才，善人之道亨通矣；退必不肖，小人之道不怨矣。使贤不肖各安其分，适其志，则郑国之治当矣。彼二子酣酒而爱色，礼义所不修，不因父兄之势以干时，纵心嗜欲而不悔，此诚真人也。而乃欲矫其迹，为其心，取禄位以私之，是国偶然有以理，非子之至公也，岂得为智乎？此言真人者，非真圣之人，乃真不才之人。

卫端木叔者，子贡之世也。藉其先赀，[1]家累万金。不治世故，放意所好。[2]其生民之所欲为，人意之所欲玩者，无不为也，无不玩也。墙屋台榭，园囿池沼，饮食车服，声乐嫔御，拟齐楚之君焉。至其情所欲好，耳所欲听，目所欲视，口所欲尝，虽殊方偏国，[3]非齐土之所产育者，无不必致之，犹藩墙之物也。[4]及其游也，虽山川阻险，^[5]涂径修远，无不必之，犹人之行咫步也。^[6]宾客在庭者日百住，^[7]庖厨之下不绝烟火，^[8]堂庑之上不绝声乐。^[9]奉养之馀，先散之宗族；宗族之馀，次散之邑里；邑里之馀，乃散之一国。行年六十，气干将衰，弃其家事，都散其库藏、珍宝、车服、妾滕。^[10]一年之中尽焉，不为子孙留财。^[11]及其病也，无药石之储；及其死也，无瘗埋之资。^[12]一国之人受其施者，相与赋而藏之，反其子孙之财焉。禽骨^[13]厘闻之，曰：^[14]"端木叔，狂人也，辱其祖矣。"段干生闻之，曰："端木叔，达人也，德过其祖矣。^[15]其所行也，其所为也，众意所惊，而诚理所取。卫之君子多以礼教自持，固未足以得此人之心也。"

[1]【释文】赀音髭。

[2]【释文】好，呼报切，下同。

[3]【张注】偏，边。

[4]【释文】"藩"作"蕃"：甫袁切。

[5]【释文】"阻险"作"岨崄"：岨与阻同，崄与险同。

[6]【释文】咫音纸。

[7]【释文】住，色主切，或作往。

[8]【释文】"庖"作"脬"：脬，蒲交切，本又作庖。

[9]【释文】庑音武。

[10]【释文】藏，徂浪切。滕，以证切。

[11]【释文】为，于伪切。

[12]【张注】达于理者，知万物之无常，财货之暂聚。聚之，非我之功也，且尽奉养之宜；散之，非我之施也，且明物不常聚。若斯人者，岂名誉所劝，礼法所拘哉？

【释文】施，始豉切，下同。

[13]【张注】又屈。

[14]【释文】"禽骨厘"作"禽屈厘"：屈厘音骨狸，墨子弟子也。

[15]【释文】过音戈。

　　孟孙阳问杨朱曰："有人于此，贵生爱身，以蕲不死，可乎？"[1]曰："理无不死。""以蕲久生，可乎？"曰："理无久生。生非贵之所能存，身非爱之所能厚。且久生奚为？[2]五情好恶，[3]古犹今也；四体安危，古犹今也；世事苦乐，[4]古犹今也；变易治乱，[5]古犹今也。既闻之矣，既见之矣，既更之矣，[6]百年犹厌其多，况久生之苦也乎？"[7]孟孙阳曰："若然，速亡愈于久生，则践锋刃，[8]入汤火，得所志矣。"杨子曰："不然，既生，则废而任之，究其所欲，以俟于死。[9]将死，则废而任之，究其所之，以放于尽。[10]无不废，无不任，何遽迟速于其间乎？"

[1]【释文】蕲音祈。

[2]【张注】设令久生，亦非所愿。

[3]【释文】好恶并去声，注同。

[4]【释文】乐音洛，下同。

[5]【释文】"治乱"作"乱治"：治，直吏切。

[6]【释文】更音庚。

[7]【张注】夫一生之经历如此而已，或好或恶，或安或危，如循环之无穷。若以为乐邪？则重来之物无所复欣。若以为苦邪？则切己之患不可再经。故生弥久而忧弥积也。

　　【释文】重，柱用切。复，扶又切。

[8]【释文】锋音烽。践，一本作"蹋"。

〔9〕【张注】但当肆其情以待终耳。

〔10〕【张注】制不在我，则无所顾恋也。

　　杨朱曰："伯成子高不以一毫利物，舍国而隐耕。〔1〕大禹不以一身自利，〔2〕一体偏枯。古之人损一毫利天下不与也，悉天下奉一身不取也。人人不损一毫，人人不利天下，天下治矣。"〔3〕禽子问杨朱曰："去子体之一毛以济一世，〔4〕汝为之乎？"〔5〕杨子曰："世固非一毛之所济。"〔6〕禽子曰："假济，为之乎？"杨子弗应。禽子出语孟孙阳。〔7〕孟孙阳曰："子不达夫子之心，吾请言之。有侵若肌肤获万金者，若为之乎？"曰："为之。"孟孙阳曰："有断若一节得一国，〔8〕子为之乎？"禽子默然有间。孟孙阳曰："一毛微于肌肤，肌肤微于一节，省矣。〔9〕然则积一毛以成肌肤，积肌肤以成一节。一毛固一体万分中之一物，奈何轻之乎？"禽子曰："吾不能所以答子。然则以子之言问老聃、关尹，则子言当矣；〔10〕以吾言问大禹、墨翟，〔11〕则吾言当矣。"〔12〕孟孙阳因顾与其徒说他事。

〔1〕【释文】舍音捨。

〔2〕【释文】不以一身自利，一本作"不以一身利物"。

〔3〕【释文】治，直吏切。

〔4〕【释文】去，丘吕切。

〔5〕【张注】疑杨子贵身太过，故发此问也。

【释文】"太"作"大"：音泰。

〔6〕【张注】嫌其不达己趣，故亦相答对也。

〔7〕【释文】语，鱼据切。

〔8〕【释文】断音短。

［9］【张注】省，察。

【释文】省，息井切。

［10］【张注】聃尹之教，贵身而贱物也。

【释文】当，丁浪切。

［11］【释文】翟音狄。

［12］【张注】禹翟之教，忘己而济物也。

杨朱曰："天下之美归之舜、禹、周、孔，天下之恶归之桀纣。然而舜耕于河阳，陶于雷泽，[1]四体不得暂安，口腹不得美厚，父母之所不爱，弟妹之所不亲。行年三十，不告而娶。[2]及受尧之禅，年已长，[3]智已衰。商钧不才，[4]禅位于禹，戚戚然以至于死，此天人之穷毒者也。鲧治水土，[5]绩用不就，殛诸羽山。禹纂业事仇，[6]惟荒土功，子产不字，过门不入，[7]身体偏枯，手足胼胝。[8]及受舜禅，[9]卑宫室，[10]美绂冕，[11]戚戚然以至于死，此天人之忧苦者也。武王既终，成王幼弱，周公摄天子之政。邵公不悦，四国流言。居东三年，诛兄放弟，仅免其身，[12]戚戚然以至于死，此天人之危惧者也。孔子明帝王之道，应时君之聘，伐树于宋，削迹于卫，穷于商周，围于陈蔡，受屈于季氏，见辱于阳虎，戚戚然以至于死，此天民之遑遽者也。凡彼四圣者，生无一日之欢，死有万世之名。名者，固非实之所取也。虽称之弗知，虽赏之不知，与株块无以异矣。[13]桀藉累世之资，居南面之尊，智足以距群下，威足以震海内，恣耳目之所娱，穷意虑之所为，熙熙然以至于死，此天民之逸荡者也。纣亦藉累世之资，居南面之尊，威无不行，志无不从，肆情于倾宫，纵欲于长夜，[14]不以礼义自苦，熙熙然以至于诛，此天民之放纵者也。彼二凶也，生有从欲之欢，死被愚暴之名。实者，固非名之所与也，虽毁之不知，虽称之弗知，此与株块奚以异矣。[15]彼四圣虽美之所归，苦以至终，同归于死矣。彼二凶虽恶之所归，乐以至终，[16]亦同归于死矣。

[1]【释文】案《史记》曰，舜耕于历山，陶于河滨。今濮阳雷泽县。

[2]【释文】告，古沃切。告上曰告，发下曰诰。

[3]【释文】长，张丈切。

[4]【释文】钧音均。

[5]【释文】鲧，古本切，禹父名，本又作骸。

[6]【释文】纂音缵。

[7]【释文】过音戈。

[8]【释文】"胼胝"作"跰跰"：跰，步千切。跰，丁泥切。

[9]【释文】禅音善。

[10]【释文】"卑"作"蔽"：音弊，音卑。

[11]【释文】绂冕音弗冕。

[12]【释文】仅音觐。

[13]【张注】观形即事，忧危之迹著矣。求诸方寸，未有不婴拂其心者。将明至理之言，必举美恶之极以相对偶者也。

【释文】株音诛。块，口对切。

[14]【释文】"纵"作"从"：从音纵，下同。

[15]【张注】尽骄奢之极，恣无厌之性，虽养以四海，未始惬其心。此乃忧苦穷年也。

【释文】尽，子忍切。厌，一盐切。惬，口帖切。

[16]【释文】乐音洛。

杨朱见梁王，言治天下如运诸掌。梁王曰："先生有一妻一妾而不能治，三亩之园而不能芸，而言治天下如运诸掌，何也？"对曰："君见其牧羊者乎？百羊而群，使五尺童子荷箠而随之，欲东而东，欲西而西。使尧牵一羊，舜荷箠而随之，则不能前矣。且臣闻之，吞舟之鱼不游枝流，鸿鹄高飞不集汙池，何则？其极远也。黄钟大吕不可从烦奏之舞，何则？其音疏也。将治大者不治细，成大功者不成小，此之谓矣。"

杨朱曰："太古之事灭矣，孰志之哉？三皇之事若存若亡，五帝之事若觉若梦，[1]三王之事或隐或显，亿不识一。[2]当身之事或闻或见，万不识一。目前之事或存或废，千不识一。太古至于今日，年数固不可胜纪。但伏羲已来三十馀万岁，贤愚、好丑，成败、是非，无不消灭，但迟速之间耳。[3]矜一时之毁誉，以焦苦其神形，要死后数百年中馀名，[4]岂足润枯骨？何生之乐哉？"

[1]【释文】觉音教。
[2]【释文】识如字，又音志，下同。
[3]【张注】以迟速而致惑，奔竞而不已，岂不鄙哉？
[4]【释文】要，一遥切。

杨朱曰："人肖天地之类，怀五常之性，[1]有生之最灵者也。人者，爪牙不足以供守卫，肌肤不足以自捍御，[2]趋走不足以从逃利害，[3]无毛羽以御寒暑，必将资物以为养性，任智而不恃力。故智之所贵，存我为贵；力之所贱，侵物为贱。然身非我有也，既生，不得不全之；物非我有也，既有，不得而去之。[4]身固生之主，物亦养之主。虽全生身，不可有其身；虽不去物，不可有其物。有其物，有其身，是横私天下之身，[5]横私天下之物，其唯圣人乎！[6]公天下之身，公天下之物，其唯至人矣！此之谓至至者也。"[7]

[1]【张注】肖，似也。类同阴阳，性禀五行也。

【释文】"肖"作"俏"：音笑，本或作肖。

[2]【释文】"捍"作"扞"：音汗。御，鱼据切。

[3]【释文】"趋"作"趣"：音趋。

[4]【释文】"而去"作"不去"：去，丘吕切。

[5]【释文】横去声，下同。

[6]【张注】知身不可私，物不可有者，唯圣人可也。

【释文】从此句下"其唯至人矣"连为一段。

[7]【张注】天下之身同之我身，天下之物同之我物，非至人如何？既觉私之为非，又知公之为是，故曰至至也。

杨朱曰："生民之不得休息，为四事故：[1]一为寿，[2]二为名，[3]三为位，[4]四为货。[5]有此四者，畏鬼，畏人，畏威，畏刑，此谓之遁民也。[6]可杀可活，制命在外。[7]不逆命，何羡寿？不矜贵，何羡名？不要势，[8]何羡位？不贪富，何羡货？此之谓顺民也。[9]天下无对，制命在内。[10]故语有之曰：人不婚宦，情欲失半；人不衣食，君臣道息。周谚曰：[11]田父可坐杀，[12]晨出夜入，自以性之恒；啜菽茹藿，[13]自以味之极；肌肉粗厚，[14]筋节䏠急，[15]一朝处以柔毛绨幕，[16]荐以粱肉兰橘，心疼体烦，内热生病矣。[17]商鲁之君与田父侔地，[18]则亦不盈一时而惫矣。[19]故野人之所安，野人之所美，谓天下无过者。昔者宋国有田夫，常衣缊黂，[20]仅以过冬。暨春东作，[21]自曝于日，[22]不知天下之有广厦隩室，绵纩狐貉。[23]顾谓其妻曰：'负日之暄，[24]人莫知者，以献吾君，将有重赏。'里之富室告之曰：'昔人有美戎菽，甘枲茎芹萍子者，对乡豪称之。[25]乡豪取而尝之，蜇于口，[26]惨于腹，[27]众哂而怨之，[28]其人大惭。子，此类也。'"

[1]【释文】为，于伪切，下同。

[2]【张注】不敢恣其嗜欲。

[3]【张注】不敢恣其所行。

[4]【张注】曲意求通。

[5]【张注】专利惜费。

[6]【张注】违其自然者也。

【释文】遁音钝。

[7]【张注】全则不系于己。

[8]【释文】要，一遥切。

[9]【张注】得其生理。

[10]【张注】外物所不能制。

[11]【释文】谚音彦。

[12]【释文】父音甫，下同。

[13]【释文】啜，川劣切。茹去声。霍音霍。

[14]【释文】粗，仓胡切。

[15]【张注】臔音区位切。

【释文】"臔"作"膡"：筋音斤。膡音啨，筋节急也。或作臞肫，上音权，下区位切。朕丑，筋急貌。

[16]【释文】绨幕音啼莫。

[17]【释文】痟，一铅切。

[18]【释文】侔，莫侯切。

[19]【张注】言有所安习者，皆不可卒改易，况自然乎？

【释文】卒，村入声。

[20]【张注】黂，乱麻。

【释文】衣，於既切。缊，一问切。黂，房未切。缊黂，谓分弊麻絮衣也。《韩诗外传》云：异色之衣也。又音汾。

[21]【释文】暨音泊。

[22]【释文】曝，蒲木切。

[23]【释文】隩音奥。貉音鹤。

[24]【释文】暄音萱。

[25]【张注】乡豪，里之贵者。

【释文】"萍"作"荓"：戎菽已解《力命篇》。枲，胥里切。枲，胡枲也。《苍颉篇》云：葈耳也。一名苍耳。枲俗音此。葈，思上声。《尔雅》云：萍，荓也。又苹，籁萧也。郭注：今籁蒿也，初生亦可食也。

[26]【释文】蜇音哲。

[27]【释文】惨，千感切。惨、蜇，痛也。

[28]【释文】哂，式忍切。

　　杨朱曰："丰屋美服，厚味姣色。[1]有此四者，何求于外？有此而求外者，无厌之性。[2]无厌之性，阴阳之蠹也。[3]忠不足以安君，适足以危身；义不足以利物，适足以害生。安上不由于忠，而忠名灭焉；利物不由于义，而义名绝焉。君臣皆安，物我兼利，古之道也。鬻子曰：'去名者无忧。'[4]老子曰：'名者实之宾。'而悠悠者趋名不已。名固不可去，名固不可宾邪？今有名则尊荣，亡名则卑辱。尊荣则逸乐，[5]卑辱则忧苦。忧苦，犯性者也；逸乐，顺性者也。斯实之所系矣。名胡可去？名胡可宾？但恶夫守名而累实。[6]守名而累实，将恤危亡之不救，岂徒逸乐忧苦之间哉？"

[1]【释文】姣音绞。

[2]【释文】"厌"作"餍"：餍，一盐切。

[3]【张注】非但累其身，乃侵损正气。

【释文】蠹音妒。累去声。

[4]【释文】"者无"作"者亡"：去，丘吕切，下同。亡音无，下同。

[5]【释文】乐音洛，下同。

[6]【释文】恶，乌路切。夫音符。累去声。

卷　八

说符[1]第八

子列子学于壶丘子林。壶丘子林曰："子知持后，则可言持身矣。"[2]列子曰："顾闻持后。"曰："顾若影，则知之。"列子顾而观影：形枉则影曲，形直则影正。然则枉直随形而不在影，屈申任物而不在我。此之谓持后而处先。[3]关尹谓子列子曰："言美则响美，言恶则响恶；身长则影长，身短则影短。名也者，响也；身也者，影也。[4]故曰：慎尔言，将有和之；[5]慎尔行，[6]将有随之。[7]是故圣人见出以知入，观往以知来，此其所以先知之理也。[8]度在身，[9]稽在人。人爱我，我必爱之；人恶我，[10]我必恶之。[11]汤武爱天下，故王；[12]桀纣恶天下，故亡。[13]此所稽也。[14]稽度皆明而不道也，譬之出不由门，行不从径也。[15]以是求利，不亦难乎？[16]尝观之神农、有炎之德，稽之虞、夏、商、周之书，度诸法士贤人之言，[17]所以存亡废兴而非由此道者，未之有也。"[18]严恢曰："所为问道者为富。[19]今得珠亦富矣，安用道？"[20]子列子曰："桀纣唯重利而轻道，是以亡。[21]幸哉余未汝语也。[22]人而无义，唯食而已，[23]是鸡狗也。强食靡角，[24]胜者为制，是禽兽也。[25]为鸡狗禽兽矣，而欲人之尊己，不可得也。[26]人不尊己，则危辱及之矣。"[27]

[1]【张注】夫事故无方，倚伏相推，言而验之者，摄乎变通之

212

会。

【卢解】本篇去末明本，约形辩神。立事以显真，因名以求实，然后知徇情之失道，从欲以丧真。故知道者不失其自时，任能者不必远害。

［2］【张注】《老子》曰："后其身而身先。"

［3］【张注】物莫能与争，故常处先。此语以壶子答而不条显，列子一得持后之义因而自释之，壶子即以为解，故不复答列子也。

【释文】争音诤。解音蟹。复，扶又切。

【卢解】夫影由形立，曲直在于形生；形由神存，真伪在于神用。若见影而形辩，知形而神彰，不责影以正身，不执身以明道，观其末而知其本，因其著而识其微，然后能常处先矣。

［4］【张注】夫美恶报应譬之影响，理无差焉。

［5］【释文】和，胡卧切，一作"知"。

［6］【释文】行，下孟切，注同。

［7］【张注】所谓出其言，善，千里应之。行乎迩，见乎远。

【释文】见，贤遍切。

［8］【张注】见言出则响入，形往则影来，明报应之理不异于此也。而物所未悟，故曰先知之耳。

【卢解】响之因声，声善则响美；名之因实，实善则名真。故名者声之响，身者神之影也。声出而响和，行习而神随；故圣人闻响以知声，见行而知道也。

［9］【释文】度依字读。

［10］【释文】恶，乌路切。

［11］【张注】礼度在身，考验由人。爱恶从之，物不负己。

［12］【释文】王，于放切。

［13］【张注】此则成验。

［14］【卢解】礼度在于身，稽考在于人，若影之应乎形，响之应乎声。汤武、桀纣，其迹可稽也，其度可明也。爱恶之心不可不慎也。

［15］【张注】稽度之理既明，而复道不行者，则出可不由户，行不从径也。

【释文】径，一本作"衢"，一本作"术"。复，扶又切。

［16］【张注】违理而得利未之有。

【卢解】稽度之事可明而不为道者，譬行不由门户与街衢耳。欲以求利身于天下者，不亦难乎？

［17］【释文】度，徒落切，量也。

［18］【张注】自古迄今无不符验。

【卢解】考其行，稽其迹，自古帝王贤圣之言犹人，存亡废兴，粲然可明。若不由此道而为理者，未之有也。

［19］【张注】问犹学也。

【释文】为，于伪切。

［20］【张注】道，富之本也；珠，富之末也。有本故末存，存末则失本也。

［21］【张注】非不富，失本则亡身。

［22］【释文】语，鱼据切。

［23］【张注】义者，宜也。得理之宜者，物不能夺也。

［24］【释文】靡，文彼切。《韩诗外传》云："靡，共也。"《吕氏春秋》云：角，试力也。此言人重利而轻道，唯食而已，亦犹禽兽饱食而相共角力以求胜也。

［25］【张注】以力求胜，非人道也。

［26］【张注】岂欲人之尊己，道在则自尊耳。

［27］【张注】乐推而不厌，尊己之谓。苟违斯义，亡将至。

【卢解】无乏少者谓之富，非谓求利之富也。若重利轻道，桀纣所以亡也。鸡犬禽兽不知仁义，争食恃力，不知其他。行此则危辱及身，欲人之尊己，岂可得矣？此谓因名求实。

列子学射中矣，[1]请于关尹子。尹子曰："子知子之所以中者乎？"对曰："弗知也。"关尹子曰："未可。"[2]退而习之。三年，又以报关尹子。尹子曰："子知子之所以中乎？"列子曰："知之矣。"关尹子曰："可矣，守而勿失也。[3]非独射也，为国与身亦皆如之。故圣人不察存亡而察其所以然。"[4]

[1]【张注】率尔自中，非能期中者也。

【释文】中，丁仲切，下同。

[2]【张注】虽中而未知所以中，故曰未可也。

[3]【张注】心平体正，内求诸己，得所以中之道，则前期命矢，发无遗矣。

[4]【张注】射虽中而不知所以中，则非中之道；身虽存不知所以存，则非存之理。故夫射者，能抽俱中，而知所以中者异；贤愚俱存，而知所以存者殊也。

【卢解】不知所以中者，非善之善者也。得之于手，应之于心，命中而中者，斯得矣。得而守之，是谓之道也。能知其道，非独射焉，为国为身亦皆如是也。善知射者不贵其中，贵其所以必中也；善知理国理身者亦不贵其存，贵其所以必存。故贤愚理乱可知者，有道也。

列子曰："色盛者骄，力盛者奋，未可以语道也。[1]故不班白语道，失，[2]而况行之乎？[3]故自奋则人莫之告。人莫之告，则孤而无辅矣。[4]贤者任人，故年老而不衰，智尽而不乱。[5]故治国之难在于知贤而不在自贤。"[6]

[1]【张注】色力是常人所矜也。

【释文】语，鱼据切。

〔2〕【释文】为句。失，一本作"矣"，恐误。

〔3〕【张注】色力既衰，方欲言道，悟之已晚。言之犹未能得，而况行之乎？

〔4〕【张注】骄奋者虽告而不受，则有忌物之心，耳目自塞，谁其相之？

【释文】相，息亮切。

〔5〕【张注】不专已知，则物愿为己用矣。

【释文】为，于伪切，下同。

〔6〕【张注】自贤者即上所谓孤而无辅。知贤则智者为之谋，能者为之使，物无弃才，则国易治也。

【释文】易，以豉切。

【卢解】俗之所恃者色与力也。恃色则骄怠之心厚，恃力则奋击之志多，不可以语其道也。色力衰者为斑白。白首闻道犹不能得，况能行之乎？故守卑弱者道必亲之，自强奋者人不肯告。人不肯告，宁有辅佐者乎？贤者任于人，故穷年而神不衰，尽智而心不乱。以此理国者，知贤而任之，则贤才为之用。自贤而无辅，则失人矣。

宋人有为其君以玉为楮叶者，〔1〕三年而成。锋杀茎柯，毫芒繁泽，〔2〕乱之楮叶中而不可别也。〔3〕此人遂以巧食宋国。子列子闻之，曰："使天地之生物，三年而成一叶，则物之有叶者寡矣。故圣人恃道化而不恃智巧。"〔4〕

〔1〕【释文】为，于伪切。楮，敕吕切。

〔2〕【释文】杀，所拜切。芒音亡。

〔3〕【释文】别，彼列切。

〔4〕【张注】此明用巧能不足以赡物，因道而化则无不周。

【释文】赡，市艳切。

【卢解】夫斲雕为朴，还淳之道也。故曰，善约者不用胶漆，善闭者不用关钥。是以大辩若讷，大巧若拙耳。若三年成一叶，与真叶不殊，岂理国全道之巧乎？是以圣人恃其道化，如和气布而万物生，不恃智巧也。若违天理而伪巧出，此之为未明本末也。

子列子穷，容貌有饥色。客有言之郑子阳者曰："列御寇盖有道之士也，居君之国而穷，君无乃为不好士乎？"[1]郑子阳即令官遗之粟。[2]子列子出见使者，再拜而辞。使者去。子列子入，其妻望之而拊心曰："妾闻为有道者之妻子皆得佚乐。[3]今有饥色，君过而遗先生食。[4]先生不受，岂不命也哉？"子列子笑谓之曰："君非自知我也。以人之言而遗我粟，至其罪我也，又且以人之言，此吾所以不受也。"其卒，民果作难而杀子阳。[5]

[1]【释文】好，呼报切。
[2]【释文】遗，唯季切，下同。
[3]【释文】佚乐音逸乐字。
[4]【释文】"过"作"遇"：遇，一本作"过"，或作"适"。
[5]【释文】难，乃旦切，一作"乱"。

【卢解】夫食人之禄，忧人之事。君不知我，因人之言而赐之；若罪我也，亦因人之言而责我也。吾所贵夫知我者，真悟道之士也。及子阳难作而不见害，此真所谓不为外物之所伤累者也。

鲁施氏有二子，其一好学，其一好兵。[1]好学者以术干齐侯，齐侯纳之，以为诸公子之傅。好兵者之楚，以法干楚王，王悦之，以为军正。[2]禄富其家，爵荣其亲。施氏之邻人孟氏同有二子，所业亦同，而窘于贫。[3]羡施氏之有，[4]因从请进趋之方。[5]二子以实告孟氏。孟氏之一子之秦，以术干秦王。秦王曰："当今诸侯力争，[6]所务兵食而已。若用仁义治吾国，是灭亡之道。"遂宫而放之。其一子之卫，以法干卫侯。卫侯曰："吾弱国也，而摄乎大国之间。大国吾事之，小国吾抚之，是求安之道。若赖兵权，灭亡可待矣。若全而归之，适于他国，为吾之患不轻矣。"遂刖之，而还诸鲁。[7]既反，孟氏之父子叩胸而让施氏。[8]施氏曰："凡得时者昌，失时者亡。子道与吾同，而功与吾异，失时者也，非行之谬也。且天下理无常是，事无常非。[9]先日所用，今或弃之；今之所弃，后或用之。此用与不用，无定是非也。投隙抵时，[10]应事无方，属乎智。[11]智苟不足，[12]使若博如孔丘，术如吕尚，焉往而不穷哉？"[13]孟氏父子舍然无愠容，[14]曰："吾知之矣。子勿重言！"[15]

[1]【释文】好，呼报切，下同。

[2]【释文】"悦"作"说"：音悦。

[3]【释文】窘，渠殒切。

[4]【张注】有犹富也。

[5]【释文】请，一本作"谓"，恐误。

[6]【释文】争音诤。

[7]【释文】刖音月。

[8]【释文】叩，口候切。

[9]【张注】应机则是，失会则非。

[10]【释文】隙音郤。抵，当洗切。

[11]【张注】虽有仁义礼法之术，而智不适时，则动而失会者矣。

【释文】属音烛。

［12］【释文】一本无不字。

［13］【张注】二子之所以穷，不以其博与术，以其不得随时之宜。

【释文】焉，於虔切。

［14］【释文】舍音捨，愠，一问切。

［15］【卢解】学仁义之道，善韬略之能，文武虽殊，同归于才行之用，必因智之适时。智者道之用，任智则非道矣。夫投必中隙，抵必适时，应变无方，皆为智也。故适时者无窘才，明道者无乏智。智若不足也，虽文若孔丘，武若吕尚，不免乎穷困也。孟氏既悟，故曰勿重言耳。

晋文公出会，欲伐卫，公子锄仰天而笑。[1]公问何笑。曰："臣笑邻之人有送其妻适私家者，道见桑妇，悦而与言。然顾视其妻，亦有招之者矣。臣窃笑此也。"公寤其言，乃止。[2]引师而还，未至，而有伐其北鄙者矣。[3]

［1］【释文】锄，士鱼切。

［2］【释文】寤音悟。

［3］【张注】夫我之所行，人亦行之。而欲骋己之志，谓物不生心，惑于彼此之情也。

【卢解】夫贪于得而不知得有所守者，俗人之常情也。故嗜欲无穷而真道日丧矣。所以贵夫知道者，内守其道而不失，外用于物而不遗。世人则不然矣，外贪欲色，他妇是悦也；内失于道者，而己妻见招矣。

晋国苦盗。有郄雍者，[1]能视盗之貌，[2]察其眉睫之间，而得其情。[3]晋侯使视盗，千百无遗一焉。晋侯大喜，告赵文子曰："吾得一人，而一国盗为尽矣，[4]奚用多为？"文子曰："吾君恃伺察而得盗，盗不尽矣，且郄雍必不得其死焉。"俄而群盗谋曰："吾所穷者郄雍也。"遂共盗而残之。[5]晋侯闻而大骇，[6]立召文子而告之曰："果如子言，郄雍死矣！然取盗何方？"文子曰："周谚有言：察见渊鱼者不祥，智料隐匿者有殃。[7]且君欲无盗，莫若举贤而任之，使教明于上，化行于下，民有耻心，则何盗之为？"[8]于是用随会知政，而群盗奔秦焉。[9]

[1]【释文】郄，去逆切。雍音邕。

[2]【释文】貌，一本作"眼"。

[3]【释文】睫音接。

[4]【释文】为，于伪切。

[5]【张注】残贼杀之。

【释文】"残"作"戕"：音墙，注同。一本作"残"。

[6]【释文】"骇"作"駴"：与骇同。

[7]【张注】此答所以致死。

【释文】料去声。

[8]【张注】此答所以止盗之方。

[9]【张注】用聪明以察是非者，群诈之所逃；用先识以摘奸伏者，众恶之所疾。智之为患，岂虚言哉？

【释文】摘，陟革切。

【卢解】教者，迹也，众人所以履而行焉。化者，道也，众人所以日用而心伏。心伏则有耻，迹明则教成。举贤任才，盗斯奔矣。或问曰：庄子云："圣人生而大盗起。"此云举贤任才而群盗去，何谓邪？答曰：求虚名而丧其实者，大盗斯起矣；得其实而去为名者，群盗斯去

矣。故举贤而任才者，求名也。用随会者，得实也。理不相违，何疑之
有耶？

　　孔子自卫反鲁，息驾乎河梁而观焉。有悬水三十仞，圜
流九十里，[1] 鱼鳖弗能游，鼋鼍弗能居，有一丈夫方将厉
之。[2] 孔子使人并涯止之，曰：[3] "此悬水三十仞，圜流
九十里，鱼鳖弗能游，鼋鼍弗能居也。意者难可以济乎？"
丈夫不以错意，[4] 遂度而出。孔子问之曰："巧乎？有道术
乎？所以能入而出者，何也？"丈夫对曰："始吾之入也，
先以忠信；及吾之出也，又从以忠信。忠信错吾躯于波流，
而吾不敢用私，所以能入而复出者，以此也。"孔子谓弟子
曰："二三子识之！[5] 水且犹可以忠信诚身亲之，而况人
乎？"[6]

　　[1]【释文】圜与圆同。

　　[2]【释文】厉，涉水也。

　　[3]【释文】并，蒲浪切。涯音崖。

　　[4]【释文】错，七故切。

　　[5]【释文】识音志。

　　[6]【张注】《黄帝篇》中已有此章而小不同，所明亦无以异，
故不复释其义也。

　　【释文】复，扶又切。

　　【卢解】夫忠者同于物，信者无所疑。同而不疑，不私其己，故能
入而复出也。然则同而不疑，不私其己，知道矣夫！《黄帝篇》中已有
此章。

白公问孔子曰："人可与微言乎？"孔子不应。[1]白公问曰："若以石投水，何如？"孔子曰："吴之善没者能取之。"[2]曰："若以水投水何如？"孔子曰："淄渑之合，易牙尝而知之。"[3]白公曰："人固不可与微言乎？"孔子曰："何为不可？唯知言之谓者乎！[4]夫知言之谓者，不以言言也。[5]争鱼者濡，逐兽者趋，非乐之也。[6]故至言去言，[7]至为无为。[8]夫浅知之所争者末矣。"[9]白公不得已，遂死于浴室。[10]

[1]【张注】白公，楚平王之孙，太子建之子也。其父为费无极所谮，出奔郑，郑人杀之。胜欲令尹子西、司马子期伐郑，许而未行。晋伐郑，子西、子期将救郑。胜怒曰：郑人在此，仇不远矣。欲杀子西、子期，故问孔子。孔子知之，故不应。微言犹密谋也。

【释文】费，房未切。胜，诗证切，白公名。令，郎定切。

【卢解】微言者，密言也，令人不能知也。白公，楚平王之孙，太子建之子。建出奔郑，白公欲乱，故孔子不应耳。

[2]【张注】石之投水则没，喻其微言不可觉，故孔子答以善没者能得之，明物不可隐者也。

[3]【张注】复为善味者所别也。

【释文】淄，侧其切。渑音乘。复，扶又切。别，彼列切。

【卢解】以石投水，喻迹不可见；以水投水，喻合不可隐也。味者分淄渑，不可合也，唯神契理会然后得也。

[4]【张注】谓者，所以发言之旨趣。发言之旨趣，则是言之微者。形之于事，则无所隐。

【释文】趣音趋。

[5]【张注】言言则无微隐。

【卢解】夫情生而事彰，味殊而可尝，唯神之无方。知言之谓者，神会也。

[6]【张注】自然之势自应濡走。

【释文】乐音洛。

[7]【张注】理自明，化自行。

【释文】去，丘吕切。

[8]【张注】理自成，物自从。

[9]【张注】失本存末，事着而后争解，鲜不及也。

【释文】知音智。鲜，息浅切。

【卢解】鱼在于水，争之者濡；兽走于野，逐之者趋，非乐之也，其势使然也。故至言者不在言，至为者无所为也。浅智逐末，常失其理。道之所行，物无不当者矣。

[10]【张注】不知言之所谓，遂便作乱，故及于难。

【释文】难，乃旦切。

【卢解】忿而非理，死以快意，下愚之所以乱常也。

　　赵襄子使新稚穆子攻翟，[1]胜之，[2]取左人、中人，[3]使遽人来谒之。[4]襄子方食而有忧色。左右曰："一朝而两城下，此人之所喜也，今君有忧色。何也？"襄子曰："夫江河之大也，不过三日，[5]飘风暴雨不终朝，[6]日中不须臾。[7]今赵氏之德行无所施于积，[8]一朝而两城下，亡其及我哉！"[9]孔子闻之曰："赵氏其昌乎！夫忧者所以为昌也，[10]喜者所以为亡也。[11]胜非其难者也，持之，其难者也。贤主以此持胜，故其福及后世。齐、楚、吴、越皆尝胜矣，然卒取亡焉，[12]不达乎持胜也。唯有道之主为能持胜。"[13]孔子之劲能拓国门之关，而不肯以力闻。[14]墨子为守攻，公输般服，而不肯以兵知。[15]故善持胜者以强为弱。[16]

〔1〕【张注】穆子，襄子家臣新稚狗也。翟，鲜虞也。

【释文】穆子，晋大夫新稚狗也。翟音狄。

〔2〕【释文】为句。

〔3〕【张注】左人、中人，鲜虞二邑名。

〔4〕【张注】遽，传也。谒，告也。

【释文】遽音巨。传去声。

【卢解】急来告捷也。

〔5〕【张注】谓潮水有大小。

〔6〕【释文】飘，符宵切。

〔7〕【张注】势盛者必退也。

〔8〕【张注】无积德而有重功，不可不戒惧也。

【释文】行，下孟切。

〔9〕【张注】不忘亡则不亡之也。

【卢解】不能积德累行，而以强力下二城。夫物盛必衰，不亡何待耶？故贪不以忻，贤者所以惧。知苟得之所以惧也，然后能积其德矣。

〔10〕【张注】戒之深也。

〔11〕【张注】将致矜伐。

〔12〕【释文】"卒"作"卒然"：卒，子律切。

〔13〕【张注】胜敌者皆比国，而有以不能持胜，故危亡及之。

【卢解】矜功伐能，所以亡也；忧得诫强，所以昌也。贤者以此福及后代，道者以此泽被含生，此之谓持胜。持胜者，持此诚慎胜彼强梁，唯有道者所能行也。

〔14〕【张注】劲，力也。拓，举也。孔子能举门关而力名不闻者，不用其力也。

【释文】劲，居盛切，力也。拓，一本作"招"。李善注《文选·吴都赋》曰："招与翘同。"《淮南子》作"杓"。许慎云：杓，引也。古者县门下，从上杓引之者，难也。

［15］【张注】公输般善为攻器，墨子设守能却之，为般所服。而不称知兵者，不有其能也。

【释文】般音班。

［16］【张注】得为攻之母也。

【卢解】夫子之力能举关，墨子之善能制敌，不以力谋显而以道德闻者，善此持胜，以强为弱也。夫艺成者必为人所役，好胜者必遇于强敌，唯道德仁义者可以役物而兴化者也。

宋人有好行仁义者，[1]三世不懈。[2]家无故黑牛生白犊，以问孔子。孔子曰："此吉祥也，以荐上帝。"居一年，其父无故而盲，其牛又复生白犊，[3]其父又复令其子问孔子。其子曰："前问之而失明，又何问乎？"父曰："圣人之言先迕后合。[4]其事未究，姑复问之。"其子又复问孔子。孔子曰："吉祥也。"复教以祭。其子归致命。其父曰："行孔子之言也。"居一年，其子又无故而盲。其后楚攻宋，围其城，[5]民易子而食之，析骸而炊之，[6]丁壮者皆乘城而战，死者太半。[7]此人以父子有疾皆免，及围解而疾俱复。[8]

［1］【释文】好，呼报切。

［2］【释文】懈，古卖切。

［3］【释文】复，扶又切。

［4］【释文】迕音误。

［5］【释文】许慎注《淮南子》云：楚庄王时围宋九月。一本作"国"，非是。

［6］【释文】析音锡。

［7］【释文】"太"作"大"：音泰。

225

［8］【张注】此所谓祸福相倚也。

【卢解】夫仁者爱人，义者济物。三世不息，其于积善深矣。若有其才则招禄，无其才则致福，此馀庆之所锺也。吉祥之应，为善之徵，克全其生而获其利。积行之报，岂虚言也哉？

　　宋有兰子者[1]以技干宋元。[2]宋元召而使见。[3]其技以双枝，长倍其身，属其踵，[4]并趋并驰，弄七剑迭而跃之，五剑常在空中。元君大惊，立赐金帛。又有兰子又能燕戏者，[5]闻之，复以干元君。[6]元君大怒曰："昔有异技干寡人者，[7]技无庸，[8]适值寡人有欢心，故赐金帛。彼必闻此而进，复望吾赏。"拘而拟戮之，[9]经月乃放。[10]

［1］【张注】凡人物不知生出主谓之兰也。

【释文】《史记》注云：无符传出入为阑。应劭曰：阑，妄也。此所谓阑子者，是以技妄游者也。疑兰字与阑同。

［2］【释文】"技"作"妓"：渠绮切。

［3］【释文】见，贤遍切。

［4］【释文】倍依字。属音烛。踵音胫。

［5］【张注】如今之绝倒投狭者。

［6］【释文】复，扶又切，下同。

［7］【张注】谓先侨人。

【释文】侨，音乔，寄也。

［8］【释文】为句。

［9］【释文】一本漏拟字。

［10］【张注】此技同而时异，则功赏不可预要也。

【释文】"预要"作"豫要"：要，一遥切。

【卢解】夫积仁义以守道者，福可全也；恃力技以侥幸，不常禄也。列子两举其事，以彰德行之为益耳。

秦穆公谓伯乐曰："子之年长矣，[1]子姓有可使求马者乎？"[2]伯乐对曰："良马可形容筋骨相也。[3]天下之马者，若灭若没，若亡若失。[4]若此者绝尘弭辙。[5]臣之子皆下才也，可告以良马，不可告以天下之马也。臣有所与共担纆薪菜者，[6]有九方皋，[7]此其于马非臣之下也。[8]请见之。"[9]穆公见之，使行求马。三月而反报曰："已得之矣，在沙丘。"[10]穆公曰："何马也？"对曰："牝而黄。"[11]使人往取之，牡而骊。[12]穆公不说，[13]召伯乐而谓之曰："败矣，子所使求马者，[14]色物、牝牡尚弗能知，又何马之能知也？"伯乐喟然太息曰："一至于此乎！是乃其所以千万臣而无数者也。[15]若皋之所观，天机也，[16]得其精而忘其粗，[17]在其内而忘其外，[18]见其所见，[19]不见其所不见，[20]视其所视，[21]而遗其所不视。[22]若皋之相者，乃有贵乎马者也。"[23]马至，果天下之马也。[24]

[1]【张注】伯乐，善相马者。

【释文】长，张丈切。相，息亮切，下同。

[2]【张注】问伯乐之种姓有能相马继乐者不。

[3]【张注】马之良者可以形骨取也。

【释文】筋音斤。

[4]【张注】天下之绝伦者，不于形骨毛色中求，故髣髴恍惚，若存若亡，难得知也。

【释文】髣髴上音昉，下芳味切。慌惚音恍忽。

[5]【张注】言迅速之极。

【释文】弭，亡尔切。躐，迹也。一本作“彻”。

［6］【张注】负索薪菜，盖贱役者。

【释文】共，同也。一本作“供”。担，丁甘切。纆音墨。

［7］【释文】皋音高。

［8］【释文】一本作“比”。

［9］【张注】非臣之下言有过于己。

【释文】过，古卧切。见，贤遍切，下同。

【卢解】担缠薪菜者，贱役者也。子姓者，子弟之同姓者也。

［10］【张注】地名。

［11］【释文】牝，频忍切。

［12］【释文】牡，牟后切。骊，力移切。

［13］【释文】说音悦。

［14］【张注】谓九方皋。

［15］【张注】言其相马之妙乃如此也，是以胜臣千万而不可量。

【卢解】皋之相马，相其神，不相其形也。形者，常人之所辩也。伯乐叹其忘形而得神，用心一至于此，自以为不及皋之无数倍也。故穆公以为败，伯乐以为能也。

［16］【张注】天机，形骨之表所以使蹄足者，得之于心，不显其见。

［17］【释文】粗与麁同。

［18］【张注】精内谓天机，粗外谓牝牡毛色。

［19］【张注】所见者，唯天机也。

［20］【张注】所不见，毛色牝牡也。

［21］【张注】视所宜视者，不忘其所视。

［22］【张注】所不应视者，不以经意也。

［23］【张注】言皋之此术岂止于相马而已，神明所得，必有贵于相马者，言其妙也。

［24］【卢解】夫形质者，万物之著也；神气者，无象之微也。运

有形者，无象也；用无象者，形物也。终日用之而不知其功，终年运之而不以为劳，知而养之者，道之主也。皋之见乎所见者以神也。契其神者而贵于马也，代人皆不知所贵矣。

楚庄王问詹何曰：[1]"治国奈何？"[2]詹何对曰："臣明于治身而不明于治国也。"楚庄王曰："寡人得奉宗庙社稷，愿学所以守之。"詹何对曰："臣未尝闻身治而国乱者也，[3]又未尝闻身乱而国治者也。故本在身，不敢对以末。"楚王曰："善。"[4]

[1]【释文】詹音占。

[2]【张注】詹何，盖隐者也。

[3]【释文】治，直吏切，国治同。

[4]【卢解】损物以厚生，小人之常情也；损生以利物，好名之诡行也。安社稷者，后其身也。善理身者，国自理之矣。君者国之主，神者形之主。理国在乎安君，理身在乎安神。神安则道崇，道崇则国理。神者身之本，道者神之功，故不敢以末对。

狐丘丈人谓孙叔敖[1]曰："人有三怨，子之知乎？"[2]孙叔敖曰："何谓也？"对曰："爵高者，人妒之；官大者，主恶之；[3]禄厚者，怨逮之。"孙叔敖曰："吾爵益高，吾志益下；吾官益大，吾心益小；吾禄益厚，吾施益博。[4]以是免于三怨，可乎？"[5]

[1]【张注】楚大夫也。

【释文】敖，五劳切。孙叔敖，楚大夫也。

〔2〕【张注】狐丘，邑名。丈人，长老者。

【释文】长，张丈切。

〔3〕【释文】恶，乌路切。

〔4〕【释文】施，始豉切。

〔5〕【卢解】夫心益下者，道之用也；施益博者，德之用也。用道以下身者，无怨恶也；用德以周施者，主恩惠也。向之三怨复从何而生哉？

　　孙叔敖疾，将死，戒其子曰："王亟封我矣，吾不受也。〔1〕为我死，王则封汝。汝必无受利地。〔2〕楚越之间有寝丘者，此地不利而名甚恶。楚人鬼而越人禨，〔3〕可长有者唯此也。"孙叔敖死，王果以美地封其子。子辞而不受，请寝丘，〔4〕与之，至今不失。〔5〕

〔1〕【释文】亟，纪力切，急也。

〔2〕【释文】为，于伪切。

〔3〕【张注】信鬼神与禨祥。

【释文】禨音几，祥也；又音畿。

【卢解】禨字，巨衣切，又居希切。《淮南传》曰："吴人鬼，越人禨。"禨，祥也。

〔4〕【释文】寝丘在固始。《史记》云："孙叔敖善优孟，后优孟言于庄王，王召其子，封之寝丘。"

〔5〕【张注】汉萧何亦云，子孙无令势家所夺，即此类也。

【卢解】人所争者，有力必取之。利之薄者，人所不用焉。不争之物则久有其利，必争之物则不能常保。人知利厚而共争，不知长有而利深。故嗜欲者，必争之地也；全道者，长久之方也。善于道者，触类而长之，何适而非道？

牛缺者，[1]上地之大儒也，下之邯郸，[2]遇盗于耦沙之中，尽取其衣装车，牛步而去。视之欢然无忧吝之色。盗追而问其故。曰："君子不以所养害其所养。"盗曰："嘻！贤矣夫！"[3]既而相谓曰："以彼之贤，往见赵君，使以我为，必困我。[4]不如杀之。"乃相与追而杀之。燕人闻之，聚族相戒，曰："遇盗，莫如上地之牛缺也！"皆受教。俄而其弟适秦。至关下，[5]果遇盗，忆其兄之戒，[6]因与盗力争。[7]既而不如，又追而以卑辞请物。盗怒曰："吾活汝弘矣，而追吾不已，迹将箸焉。既为盗矣，仁将焉在？"[8]遂杀之，又傍害其党四五人焉。[9]

[1]【释文】缺，倾雪切。

[2]【释文】邯郸音寒丹。

[3]【释文】嘻，许其切。夫音符。

[4]【释文】"往见赵君，使以我为，必困我"作"往见赵君，以我为事，必困我"：为句。一本云，往见赵君便以我为必困。

[5]【释文】一本作"阙"。

[6]【释文】"忆"作"意"：一本作"忆"。

[7]【释文】争音诤。

[8]【释文】焉，於虔切。

[9]【张注】牛缺以无吝招患，燕人假有惜受祸，安危之不可预图皆此类。

【卢解】夫知时应理者，事至而不惑，时来而不失，动契其真，运合于变矣。若见名示迹，不适其时，则无往不败也。牛缺不知时，其弟亦过分，亦犹孟氏之二子出于文武哉！矫名过当者，未尝不如此也。

虞氏者，梁之富人也，家充殷盛，钱帛无量，[1]财货

无訾。[2]登高楼，临大路，设乐陈酒，击博楼上。[3]侠客
相随而行。楼上博者射，[4]明琼张中，反两檎鱼而笑。[5]
飞鸢适坠其腐鼠而中之。[6]侠客相与言曰："虞氏富乐之
日久矣，[7]而常有轻易人之志。[8]吾不侵犯之，而乃辱我
以腐鼠。此而不报，无以立懂于天下。[9]请与若等戮力一
志，率徒属必灭其家为等伦。"[10]皆许诺。至期日之夜，
聚众积兵以攻虞氏，大灭其家。[11]

[1]【释文】量，去声。

[2]【释文】訾音毕，言不可度量也。贾逵注《国语》云：訾，量
也。

[3]【释文】击，打也，如今双陆碁也。韦昭《博弈论》云设木
而击之是也。《古博经》曰：博法，二人相对，坐向局，分为十二道，
两头当中名为水。用碁十二枚，六白六黑，又用鱼二枚置于水中。其掷
采以琼为之。琼畟方寸三分，长寸五分，锐其头，钻刻琼四面为眼，亦
名为齿。二人互掷采行碁。碁行到处即竖之，名为骁碁，即入水食鱼，
亦名牵鱼。牵一鱼获二筹，翻一鱼获三筹。若已牵两鱼而不胜者，名曰
被翻双鱼。彼家获六筹为大胜也。畟音侧。

[4]【释文】博者射为句。射，食亦切。

[5]【张注】明琼，齿五白也。射五白得之，反两鱼获胜，故大
笑。

【释文】中，丁仲切。反音翻。檎，他臘切。凡戏争能取中皆曰
射，亦曰投。裴骃曰："报采获鱼也。"檎字案《真经》本或作鱼，案
《六博经》作鲽，比目鱼也。盖谓两鱼勇之比目也。此言报采获中，翻
得两鱼，大胜而笑也。鲽，他臘反。今本云檎鱼者，是多一字也。据义
用鲽不用鱼，用鱼不用鲽字。

[6]【释文】"坠"作"队"：鸢音缘。适音隻。队音坠。

[7]【释文】乐音洛。

[8]【释文】易,以豉切。

[9]【张注】懄,勇。

【释文】懄音勤,勇也。

[10]【释文】"戮"作"勠":音留,并力也。

[11]【张注】骄奢之致祸败不以一涂。虞氏无心于陵物而家破者,亦由谦退之行不素著故也。

【释文】"积兵"作"精兵":一本作"积兵"。行,下孟切。

【卢解】前章言学仁义三代以致祥,此章言积骄奢一朝以招祸。行之不著,飞灾所锺。祸福无门,惟人所召。此之双举,诫之深焉。

东方有人焉,曰爰旌目,将有适也,而饿于道。狐父之盗曰丘,见而下壶餐以鬴之。[1]爰旌目三鬴而后能视,曰:"子何为者也?"曰:"我狐父之人丘也。"爰旌目曰:"譆![2]汝非盗邪?胡为而食我?[3]吾义不食子之食也。"两手据地而欧之,[4]不出,喀喀然,遂伏而死。[5]狐父之人则盗矣,而食非盗也。以人之盗因谓食为盗而不敢食,是失名实者也。[6]

[1]【释文】"餐"作"飧":父音甫,下同。飧音孙,水浇饭也。鬴音脯。

[2]【释文】譆音熙。

[3]【释文】食音嗣。

[4]【释文】欧,一口切。

[5]【释文】"遂伏而死"作"伏地而死":喀音客。一本无"地"字。

[6]【卢解】求名失实,违道丧生,其爰旌目之谓乎!有道者不然矣。使盗者变其心成乎仁也,身行其道,人沐其化。君子济危,食之

两全也。欧则双失，又喀喀而吐，伪愚也哉！

　　柱厉叔事莒敖公，自为不知己，去，居海上。[1]夏日则
食菱芰，[2]冬日则食橡栗。[3]莒敖公有难，[4]柱厉叔辞其
友而往死之。其友曰："子自以为不知己，[5]故去。今往
死之，是知与不知无辨也。"柱厉叔曰："不然；自以为不
知，故去。今死，[6]是果不知我也。吾将死之，以丑后世
之人主不知其臣者也。"凡知则死之，不知则弗死，此直
道而行者也。柱厉叔可谓怼以忘其身者也。[7]

　　[1]【释文】"自以为不知己去居海上"作"自以为不知己者居
海上"：己音纪。居海上，一本作"而去海上"。
　　[2]【释文】菱音陵。芰，奇上声。一本作"茨"。
　　[3]【释文】橡音象。
　　[4]【释文】难，乃旦切。
　　[5]【释文】己音纪。
　　[6]【释文】"今死"作"今死而弗死"：一本无"而弗死"三
字。
　　[7]【释文】怼音坠。忘，一本作"亡"。
　　【卢解】彼终不知己也，乃死其身，以明彼之不知己，岂有道者
所处乎？名之累愚多若是矣，与夫全生宝道者远矣。

　　杨朱曰："利出者实及，[1]怨往者害来。[2]发于此而
应于外者唯请，[3]是故贤者慎所出。"[4]

　　[1]【释文】"实及"作"实反"：反，一本作"及"，非也。

〔2〕【张注】利不独往，怨不偏行，自然之势。

〔3〕【张注】请，当作"情"。情所感无远近幽深。

【释文】请音精。《字林》云：精，诚也。一本音情，《说文》云：人之阴气有所欲也。徐广曰：古"情"字或假借作"请"。

〔4〕【张注】善著则吉应，恶积则祸臻。

【卢解】唯请者，若自召之也。祸福之来若影与响耳，故贤者慎其所出也。今之慕道者皆脱略名教，轻弃礼法，放情任己，以为达生。以仁义为桎梏，以屋宅为裈裤，忽彼报应，人事不修，故嵇康之徒死亡而不暇，嗣宗之辈世疾如仇雠，而不知真理乎！

　　杨子之邻人亡羊，既率其党，又请杨子之竖追之。杨子曰："嘻！亡一羊何追者之众？"邻人曰："多歧路。"既反，问："获羊乎？"曰："亡之矣。"曰："奚亡之？"曰："歧路之中又有歧焉，吾不知所之，所以反也。"杨子戚然变容，[1]不言者移时，不笑者竟日。门人怪之，请曰："羊，贱畜，[2]又非夫子之有，而损言笑者，何哉？"杨子不答。门人不获所命。弟子孟孙阳出以告心都子。心都子他日与孟孙阳偕入，而问曰："昔有昆弟三人，游齐鲁之间，同师而学，进仁义之道而归。其父曰：'仁义之道若何？'伯曰：'仁义使我爱身而后名。'[3]仲曰：'仁义使我杀身以成名。'[4]叔曰：'仁义使我身名并全。'[5]彼三术相反，而同出于儒。孰是孰非邪？"杨子曰："人有滨河而居者，习于水，勇于泅，[6]操舟鬻渡，[7]利供百口。裹粮就学者成徒，而溺死者几半。[8]本学泅，不学溺，而利害如此。若以为孰是孰非？"心都子嘿然而出。孟孙阳让之曰："何吾子问之迂，夫子答之僻？[9]吾惑愈甚。"心都子曰："大道以多歧亡羊，学者以多方丧生。[10]学非本不同，非本不一，而末异若是。唯归同反一，为亡得丧。^[11]子长先生之门，^[12]习先生之道，而不达先生之况也，^[13]哀哉！"^[14]

[1]【释文】戚，子六切。

[2]【释文】畜，丑救切。

[3]【张注】身体发肤不敢毁伤也。

[4]【张注】无求生以害仁，有杀身以成仁也。

[5]【张注】既明且哲，以保其身。

[6]【释文】洇音囚。

[7]【释文】操，七刀切。

[8]【释文】几音祈。

[9]【释文】"僻"作"辟"：迂音于，曲也。辟音僻。

[10]【释文】丧，息浪切，下同。

[11]【释文】亡音无，下同。

[12]【释文】长，张丈切。

[13]【释文】况，词也。

[14]【卢解】羊以喻神，守神不失为道也。一失其羊，而奔波歧路，不可得矣。但守其神为无丧无得而为无待也。多方于仁义者亦若是矣。

杨朱之弟曰布，衣素衣而出。^[1]天雨，解素衣，衣缁衣而反。其狗不知，迎而吠之。杨布怒，将扑之。^[2]杨朱曰："子无扑矣！子亦犹是也。向者使汝狗白而往，黑而来，岂能无怪哉？"^[3]

[1]【释文】衣素之衣，於既切，下衣缁衣同。素衣之衣依字。

236

[2]【释文】"扑"作"朴"：片卜切。

[3]【张注】此篇明己身变异，则外物所不达，故有是非之义。不内求诸己而厚责于人，亦犹杨布服异而怪狗之吠也。

【释文】"向者使汝狗"作"乡者使汝见狗"：乡音向。一本无见字。

【卢解】夫守真归一，则海鸥可驯；若失道变常，则家犬生怖矣。

杨朱曰："行善不以为名，而名从之；名不与利期，而利归之；利不与争期，而争及之。[1]故君子必慎为善。"[2]

[1]【释文】争音诤，下同。

[2]【张注】在智则人与之讼，在力则人与之争，此自然之势也。未有处名利之冲，患难不至者也。语有之曰，"为善无近名"，岂不信哉！

【释文】难，乃旦切。

【卢解】求名之善，人所必争，故曰为善无近名者，不与人争利也。行人之所不能行而不伐者，慎为善也。

昔人言有知不死之道者，燕君使人受之，不捷，而言者死。[1]燕君甚怒，其使者将加诛焉。[2]幸臣谏曰："人所忧者莫急乎死，己所重者莫过乎生。彼自丧其生，[3]安能令君不死也？"乃不诛。有齐子亦欲学其道，闻言者之死，乃抚膺而恨。富子闻而笑之曰："夫所欲学不死，其人已死而犹恨之，是不知所以为学。"胡子曰："富子之言非也。凡人有术不能行者有矣，能行而无其术者亦有矣。

卫人有善数者，临死，以决喻其子。其子志其言而不能行也。他人问之，以其父所言告之。问者用其言而行其术，与其父无差焉。若然，死者奚为不能言生术哉？"[4]

　　[1]【释文】捷，以接切。

　　[2]【释文】使，所吏切。

　　[3]【释文】丧，息浪切。

　　[4]【张注】物有能言而不能行，能行而不能言，才性之殊也。

　　【释文】为，于伪切。

　　【卢解】或人有非术者云，徒能说虚词以辩理，未有自能行而证之者，故疑其所言以为不实耳。故此章言有知之者，有能知而未能行者，有能行而不知者。然则知而不行，行而不知，不行不知，虽俱能悟，非无差别矣。况闻斯行诸，因知而获悟者，岂不贤于不知言者乎？

　　邯郸之民以正月之旦献鸠于简子，[1]简子大悦，厚赏之。客问其故。简子曰："正旦放生，示有恩也。"客曰："民知君之欲放之，故竞而捕之，死者众矣。君如欲生之，不若禁民勿捕。捕而放之，恩过不相补矣。"简子曰："然。"[2]

　　[1]【释文】邯郸音寒丹。

　　[2]【卢解】夫人知所以善者，皆事之末也。若理其本，则众所不能知，而功倍于理末者，皆若此也。故小慈是大慈之贼耳。名教之迹，理其末也；大道之功，理其本也。众人皆睹其小而不识其大者焉，故略举放鸠以明此大旨也。

　　齐田氏祖于庭，食客千人。中坐有献鱼雁者，田氏视之，乃叹曰：“天之于民厚矣，殖五谷，生鱼鸟以为之用。”众客和之如响。[1]鲍氏之子年十二，预于次，进曰：“不如君言。天地万物与我并生，类也。类无贵贱，[2]徒以小大智力而相制，迭相食，非相为而生之。[3]人取可食者而食之，岂天本为人生之？且蚊蚋噆肤，[4]虎狼食肉，非天本为蚊蚋生人、虎狼生肉者哉？”[5]

　　[1]【释文】和，胡卧切。

　　[2]【张注】同是生类，但自贵而相贱。

　　[3]【释文】为，于伪切，下同。

　　[4]【释文】蚊音文。蚋音汭。噆，子臘切。

　　[5]【卢解】夫食肉之类，更相吞噬，灭天理也，岂天意乎？鲍子之言，得理之当也。尝有俗士言伏羲为网罟，燧人熟肉而食，彼二皇者，皆圣人也。圣人与虎食肉何远耶？释氏之经非中国圣人约人为教，利人而已矣。释氏是六通，圣人约识为教，通利有情焉。今列子之书乃复宣明此指，则大道之教未尝不同也。

　　齐有贫者，常乞于城市。城市患其亟也，[1]众莫之与。遂适田氏之厩，[2]从马医作役而假食。郭中人戏之曰：“从马医而食，不以辱乎？”乞儿曰：“天下之辱莫过于乞。乞犹不辱，岂辱马医哉？”[3]

　　[1]【释文】亟，去吏切，数也。

　　[2]【释文】厩音救。

　　[3]【张注】不以从马医为耻辱也。此章言物一处极地，分既以定，则无复廉耻，况自然能夷得失者乎？

【释文】分，符问切。复，扶又切。

【卢解】士有折支舐痔而取进用者，亦求衣食也。役于贱医之门者，亦求衣食也。获多利则以为荣，获少利则以为耻。代人亦孰知荣耻之实者乎？

　　宋人有游于道、得人遗契者，[1]归而藏之，密数其齿。[2]告邻人曰："吾富可待矣。"[3]

[1]【张注】遗，弃。

【释文】宋人有游于道，一本作"宋人有于道"。契，口计切，刻木以记事者。

[2]【张注】刻处似齿。

【释文】数，色主切。

[3]【张注】假空名以求实者，亦如执遗契以求富也。

【卢解】举俗之人迷于空名，失于真理，皆如拾遗失之木契，计刻齿之数以待富焉。亦犹不耻乞匄于市而耻受役于人矣，亦何异乎人间逃奴弃其主而别事于人？执劳不异也，而自以为不系属于人。随妄情而失实义，其类皆如是矣。

　　人有枯梧树者，其邻父言枯梧之树不祥，[1]其邻人遽而伐之。[2]邻人父因请以为薪。[3]其人乃不悦，曰：[4]"邻人之父徒欲为薪而教吾伐之也。[5]与我邻，若此其险，岂可哉？"[6]

[1]【释文】父音甫，下同。

[2]【张注】言之虽公，而失厝言之所也。

［3］【张注】又践可疑之涂。

［4］【释文】"乃"作"迺"：古"乃"字。

［5］【张注】在可疑之地，物所不信也。

［6］【卢解】劝之伐树，公言也；请以为薪，理当也。劝伐而请，疑过生焉。故曰，人之所畏，不可不畏。勿谓无伤，其祸将长。此之谓也。

人有亡鈇者，^[1]意其邻之子，视其行步，窃鈇也；颜色，窃鈇也；言语，窃鈇也；动作态度无为而不窃鈇也。俄而扣其谷而得其鈇，^[2]他日复见其邻人之子，动作态度无似窃鈇者。^[3]

［1］【释文】鈇音斧，钺也。

［2］【张注】扣音掘。

【释文】扣，胡没切，古"掘"字，又其月切。一本作"相"，非也。

［3］【张注】意所偏惑，则随志念而转易。及其甚者，则白黑等色，方圆共形，岂外物之变？故语有之曰，万事纷错，皆从意生。

【释文】复，扶又切。

【卢解】事有疑似而招祸者多矣，自飞鸢坠鼠皆疑似成患。唯积德守道，无情不私者，乃能无患焉。故失鈇疑邻，其事一也。

白公胜虑乱，^[1]罢朝而立，倒杖策，錣上贯颐，^[2]血流至地而弗知也。郑人闻之曰："颐之忘，将何不忘哉？"意之所属箸，其行足踬株埱，^[3]头抵植木，而不自知也。^[4]

[1]【张注】虑犹度也，谋度作乱。

【释文】胜，诗证切。

[2]【张注】镘，杖末锋。

【释文】镘，张劣反。许慎注《淮南子》云："马策端有利铁，所以刺不前也。"

[3]【释文】"箸"作"著"：属音烛。著，直略切。踬音致，碍也。埳音坎。

[4]【释文】抵，丁礼切。

　　昔齐人有欲金者，清旦衣冠而之市。[1]适鬻金者之所，[2]因攫其金而去。[3]吏捕得之，[4]问曰："人皆在焉，子攫人之金何？"[5]对曰："取金之时，不见人，徒见金。"[6]

[1]【释文】衣冠并去声。

[2]【释文】鬻音育。

[3]【释文】攫音镢。

[4]【释文】"得之"作"倡之"：倡音昌，戏弄也。一本作"得之"。

[5]【释文】"子攫人之金何"作"子攫人之金何故"：一本无"故"字。

[6]【张注】嗜欲之乱人心如此之甚也。故古人有言：察秋毫之末者，不见太山之形；调五音之和者，不闻雷霆之声。夫意万物所系迷著万物者，虽形声之大而有遗矣。况心乘于理，检情摄念，泊然凝定者，岂万物动之所能乱者乎？

【释文】著，直略切。泊音魄，安靖之貌。

【卢解】张湛云："嗜欲之乱人心如此之甚也，故曰察秋毫之末者不见泰山之形，听五音之和者不闻雷霆之声。"心有所存，形有所忘，皆若此者也。此章言嗜欲不可纵，丧身灭性之大也。今以丧其身之物，意欲厚其身也。若能无其身，复何用金为？所言无身非谓灭身也，盖不厚而已矣。

黄庭坚词集·秦观词集
　　[宋]黄庭坚 著 [宋]秦观 著
李清照诗词集 [宋]李清照 著
辛弃疾词集 [宋]辛弃疾 著
纳兰性德词集 [清]纳兰性德 著
西厢记 [元]王实甫 著
　　[清]金圣叹 评点
牡丹亭 [明]汤显祖 著
　　[清]陈同 谈则 钱宜 合评
长生殿 [清]洪昇 著 [清]吴人 评点

桃花扇 [清]孔尚任 著
　　[清]云亭山人 评点
古文辞类纂 [清]姚鼐 纂集
古文观止 [清]吴楚材 吴调侯 选注
文心雕龙 [南朝梁]刘勰 著
　　[清]黄叔琳 注 纪昀 评
　　李详 补注 刘咸炘 阐说
诗品 [南朝梁]钟嵘 著 古直 笺
人间词话·王国维词集 王国维 著

部分将出书目
（敬请关注）

周礼	三国志	金刚经
公羊传	水经注	文选
穀梁传	史通	曹植全集
说文解字	孔子家语	李白全集
史记	日知录	杜甫全集
汉书	文史通义	白居易诗集
后汉书	传习录	花间集

上海古籍出版社
官方微信

《国学典藏》丛书
官方公众号